어른으로
자라날 너에게

어른으로 자라날 너에게

이효주 × 이효진
헬렌언어발달연구소 지음

장애아 부모의 필독서

부모가 먼저 읽는,
느리고 특별한 아이의 생애 안내서

이담북스

99
human
therapy

2021년 4월 따스한 봄날, 저희 헬렌언어발달연구소를 오픈하였습니다. 처음 연구소의 이름을 지을 때 어떤 이름으로 시작할까 고민을 많이 했습니다. 그러다 햇살이라는 뜻을 가진 '헬렌(HELLEN)'이란 예쁜 이름을 알게 되었고, 햇살 같은 아이들에게 햇살 같은 영향을 전해주어야겠다는 생각이 들었습니다.

10년 이상 언어재활사라는 직업으로 다양한 아이들과 학부모님들을 만났습니다. 아이들을 치료하고, 상담을 하면서 사랑을 전해주고 있다고 생각하였는데 어느새 저희 또한 많은 사랑을 받고 있다는 것을 깨달았습니다. 그리고 커지는 책임감에 더 좋은 영향을 전하고 싶다는 생각이 들었습니다.

그 가운데 유난히 마음이 쓰이는 부분이 생겼습니다. 장애 아이를 키우는 부모로 살아가기가 참 쉽지 않다는 것입니다. 어느 부모도 내가 장애 아이를 낳을 것이라고는 생각지 못하고, 이 아픈 아이를 어떻게 키워야 할지 많은 고민이 있지만 나눌 대상과 알려주는 사람이 없다는 것입니다. 그리고 키워내는 과정에서 느끼는 많은 감정을 어떻게 해소해 나가야 할지 참 막막하다는 것입니다. 그럼에도 이 아이를 낳은 책임감으로 어둡고 긴 터널을 씩씩하게 헤쳐 나가는 많은 장애아를 키우는 부모님들의 모습을 보면서 참 마음이 아팠습니다.

이 책은 그 수많은 장애아를 키우는 부모님들께 어떤 도움을 드릴 수 있을지 많은 고민 끝에 나왔습니다.

서점에 가면 이미 장애와 관련된 많은 전문 서적들이 있습니다. 그러나 장애아를 키우는 부모님에게 필요한 자기 계발과 장애아의 양육, 마인드 컨트롤 등에 대해서는 정보가 많지 않습니다. 아이의 원인은 파악되나 '그래서 어떻게?'라는 질문에 답할 수 있는 정답은 잘 알 수 없다는 것입니다.

> "장애아를 낳은 것은
> 부모의 잘못도
> 아이의 잘못도 아닙니다.
> 그렇다고 인생이 끝나는 것은
> 더더욱 아닙니다."

이 책은 장애 아이를 마주하는 순간부터 독립된 하나의 인격체로 살아가는 삶의 전반적인 과정을 담고 있습니다. 그 가운데 부모의 역할과 마인드에 대해서 직접적으로 도움이 될 수 있는 내용을 담아보았습니다. 이 책이 전부 정답이 아닐 수도 있고, 또 더 좋은 정보들이 담긴 책들도 있겠지만 힘든 나날을 보내는 부모님들께 한 줄기 햇살과 같은 책이 되기를 소망합니다. 부모님들께 어떨 때는 전문가처럼, 어떨 때는 친구처럼, 또 어떨 때는 선배처럼 다가가는 책이 되어 조금이나마 아이를 키우는데 희망과 용기를 줄 수 있기를 바랍니다.

이 책은 헬렌언어발달연구소의 시작을 함께 해주신 수많은 학부모님들의 믿음과 사랑으로 발간될 수 있었습니다. 처음 블로그를 시작하고, 글을 채워가는 과정속에서 미흡한 부분들도 많겠지만 늘 용기와 힘을 준 가족들과 사랑하는 친구들, 학부모님들께 감사합니다.

이 모든 것이 하나님의 은혜입니다.

Soli Deo Gloria

♥ CONTENTS ♥

아이가 벌써 학교에 갑니다

청소년기에 접어든 우리 아이

사회의 일원이 될 아이

chapter 1

장애를 마주하다

1

장애를 처음 마주하는 부모님들께

1 꼭 드리고 싶은 말

처음 아이의 장애를 듣고 마주하게 되면 부모님들은 충격과 동시에 치료라는 전선에 뛰어들게 됩니다. 아이를 차를 태워 다니며 한 번도 경험해 보지 못한 치료실을 다니고, 여러 시행착오를 겪게 되지요. 우리 가족에게 일어난 이런 당황스러운 상황에 머리로도 이해되지 않고 마음으로 받아들여지지도 않는 혼란 가운데 치료실을 방문하는 부모님들을 많이 뵙게 됩니다.

'우리 가족은 이제 어떻게 살아가야 할까?' 이런 생각으로 막막한 상황 가운데 있는 부모님들께 저희는 이런 말을 건네고 싶습니다.

1. 이 아이는 지금보다 더 좋아질 것입니다.

아이의 장애를 초기에 발견하게 된 것은 다행입니다. 지금이라도 아이에게 적절한 치료를 시작하면 보다 좋아질 것입니다. 현재 아이의 모습으로 당장 미래를 그리지 마세요. 치료를 통해 변화된 아이의 미래는 더욱 아름다울 것입니다.

2. 모든 아이들은 교육을 받습니다.

'왜 우리 아이만 이런 치료를 받아야 해?' 하며 낙심하지 마세요. 모든 아이들이 국어, 영어, 수학 공부를 하는 것처럼 우리 아이도 필요에 따라 특별한 교육을 받는 것입니다. 장애가 있는 아이에게는 그에 맞는 특별한 교육이 필요합니다. 이는 아이가 사회에서 자신감을 가지고 독립적으로 살아갈 수 있도록 돕기 위한 중요한 과정이지요. 모든 아이가 각자의 필요에 맞는 교육을 받는 것이 중요하며, 우리 아이도 잠재력을 최대한 이끌어내기 위한 교육을 받는 것입니다.

3. 아이와 소통하며 도전 행동(문제 행동)을 줄여 가세요.

느림의 경중보다 더 중요한 것은 소통할 수 있는 아이, 도전 행동이 적은 아이로 키우는 것입니다. 그 부분이 좋아지면 아이들은 사회에 나가서도 제 몫을 해내며 세상에 속하여 지낼 수 있는 아이가 됩니다.

4. 좋은 전문가를 만나도록 노력하세요.

한 번도 경험해 보지 못한 길을 나 혼자서 가는 것은 너무 두렵고 떨리는 일입니다. 마치 선장이 없는 배를 탄 것과 같습니다. 경험과 지식이 있는 전문가와 이야기를 나눠 아이에 대해 정확한 목표와 방향을 가지고 가는 것이 중요합니다. 그렇게 목표와 방향이 정확하다면 아이와 겪는 수많은 문제들을 조금은 더 수월하게 넘길 수 있게 됩니다.

5. "왜?"보다 "어떻게 하면 될까?"를 더 많이 생각하세요.

아이의 장애를 마주하게 되면 처음엔 어디서 비롯된 문제인지 원인을 찾으려고 합니다. 그러나 이것은 아이에게도 부모에게도 전혀 도움이 되지 않습니다. 전반적 검사를 진행하는 과정에서 일차적으로 그 원인을 파악하는 것은 필요하지만 결과가 나온 후에는 그 결과를 받아들이고 어떻게 아이를 도와줘야 할지를 생각하는 게 더욱 효과적입니다.

6. 부정보다 긍정, 낙심보다 감사하세요.

부정은 부정을 낳고, 낙심은 낙심을 낳습니다. '이제 시작이니 좋아질 거야.'라고 생각하면 좋아지는 아이의 모습이 더욱 많이 보입니다. '오늘은 전에 보이지 않던 이런 모습이 보이네.' 하며 작은 변화에도 감사하다 보면 변화되는 아이의 모습이 더욱 많이 보이게 될 겁니다.

이제 시작입니다. 속상하고 슬픈 눈빛보다 밝고 활기찬 표정으로 "우리 ○○(이) 잘할 수 있지. 우리 멋지게 잘해 보자."라고 아이를 응원해 주세요.

사랑하는 아이와 같이 눈을 뜨고 같은 공간에서 함께 숨 쉬고 있는 것에도 감사하는 하루 되시길 바랍니다.

❷ 내 아이의 장애 바라보기

아이의 장애를 받아들이는 것은 쉬운 일이 아닙니다. 그러나 어떻게 바라보느냐에 따라 아이의 성장과 발전에 큰 영향을 미치게 됩니다.

처음에는 부정적인 감정이 먼저 찾아옵니다. '내 아이가 장애라고? 그럴 일 없어. 왜 우리 가정에 이런 일이 생긴 거야?' 그리고 우울한 감정에 빠집니다. '내가 죽으면 이 아이는 누가 돌봐주지? 이 상태로 아이가 변화도 없이 자라나면 어떡하지?' 그다음엔 '내가 임신했을 때 스트레스를 많이 받아서 그런 거야. 내가 몸 관리

를 잘했어야 하는데 왜 그때 내가 잘하지 못했을까. 너무 후회돼.'
하며 죄의식, 죄책감에 빠지기도 합니다.

이러한 감정(부정, 우울, 죄의식)들은 장애 아이를 양육하면서 느
낄 수 있는 모든 감정들입니다. 부정적인 감정이 결코 잘못된 것도
아닙니다. 열 달을 뱃속에서 소중하게 키운 사랑하는 나의 아이가
장애를 가졌다고 하면 어느 부모라도 현실을 부정하고 싶고, 인정
하고 싶지 않을 수 있습니다.

우울감과 죄의식도 마찬가지입니다. 이러한 감정을 부모가 가진
다는 것이 잘못된 것은 아닙니다. 이 세상을 어떻게 살아갈까 생각
하면 우울감에 빠질 수도 있고, 원인을 찾다 보면 내 잘못인 것 같
아 죄의식에 빠질 수도 있습니다. 그러나 이러한 부정적인 감정이
지속되면 가정 전반에 갈등이 생길 수 있습니다. 따라서 이러한 감
정을 잘 풀어갈 수 있도록 함께 노력해야 합니다.

나아가 이러한 감정의 변화는 아이를 양육하는 과정에서 단 한
번의 주기로만 나타나지 않습니다. 아이의 장애를 수용하다 치료에
큰 변화가 이루어지지 않으면 또다시 한계를 느끼며 부정과 우울,
죄의식으로 다시 돌아갈 수도 있습니다. 그렇기에 가족 모두가 하
나가 되어 이 감정 변화의 주기들을 잘 헤쳐가는 것이 중요합니다.

상담을 하다 보면 "전 정말 사회에 봉사도 하며 좋은 일도 많이 했는데 왜 제게 이런 일이 생겼는지 모르겠어요." 하며 부정하는 부모님, "이 애가 제가 없어도 잘 살 수 있을까요? 그거 생각하면 숨이 막히고 밤에 잠을 못 자요." 하며 우울해하는 부모님, "제가 이 아이를 가질 때 너무 스트레스를 받았던 것 같아요." 하며 자책하는 부모님들이 있습니다. 그럴 때, 저희는 말씀드립니다. "어머님, 아버님의 잘못이 아니에요."

그리고 장애 아이들을 키우고 가르치다 보면 아이의 부족한 것, 잘하지 못하는 것에 초점을 맞추게 됩니다. 부족한 부분을 알려줘야 하고 채워줘야 하니까요. 그래도 긍정적인 관심을 더 보이며 칭찬과 격려를 해 주는 것이 아이에게도 부모님에게도 좋은 영향을 줄 수 있습니다. 아이의 잠재력을 끌어주고, 적절한 치료와 지원을 통해 아이가 사회의 한 구성원으로 잘 성장하도록 도와주어야 합니다.

장애 등록을 꼭 해야 할까

학교 입학을 앞두면 여러 가지 이유로 부모님들이 장애 등록을 결심하게 됩니다. '결심'이라고 표현한 이유는, 장애 등록에는 태어났을 때 아이의 장애를 인정하는 것과는 또 다른 어려움이 있기 때문입니다. 아이를 장애인으로 낙인찍는 것과 같이 느껴져서 장애 등록하는 과정에서 많은 부모님들이 힘든 시간을 견딥니다. 때로는 시간이 지나도 장애 등록을 하지 않는 경우가 허다합니다.

장애 등록의 유무는 부모님들의 선택이지만 아이에게 유익한 점도 많이 있습니다. 학교에서는 특수교육대상자로 선정이 되어서 학교 도움반을 이용하거나 도움을 받을 수 있고, 군대에 가야 할 나이가 되었을 때 장애 등록이 되어 있으면 군대도 면제를 받을 수 있습니다. 또 경제적으로도 자동차 구입 관련 혜택(부가세 면제, 취득세 감면, 보험료 할인), 통신 요금 할인(유선, 무선), 공영 주차장 주차 요금 감면, 자동차 검사 수수료 할인, 장애인 연금, 수당 지원, 의료비 지원, 복지 카드 발급 지원을 받을 수 있기 때문에 장애 등록으로 아이에게 낙인을 찍는다기보다는 아이에게 도움을 줄 수 있는 방편, 보호책을 마련해 주는 방법이라고 생각하면 훨씬 마음이 편안해질 것입니다.

장애 등록을 신청하려면 해당 주소지 관할 주민센터에 방문하여 장애인등록 및 서비스신청서를 작성하여 제출해야 합니다. 또한 장애 등록 신청은 본인이 하는 것을 원칙으로 하나 본인이 신청하기 어렵다면 보호자가 대리 신청할 수 있습니다.

장애 등록을 신청하기 위해 제출할 서류로는 의사로부터 받은 장애 진단서, 검사결과, 진료기록지가 있습니다. 이후 약 1~2개월에 걸쳐 국민연금공단과 장애심사센터에서 심사를 받고, 주민센터에서 개인적으로 심사결과를 통지합니다. 장애인으로 등록이 되면 본인의 희망에 따라 장애인등록증 또는 장애인복지카드가 발급됩니다.

장애 등록은 유형에 따라 판정이 가능한 시기가 다르므로 확인해 보시고 절차를 밟으셔야 합니다. 지적장애, 시각장애, 청각장애, 언어장애, 지적장애의 경우 6개월 이상 지속적인 치료 후에도 장애가 고착되었을 때 판정이 가능합니다. 뇌병변장애의 경우 외상

발생 후 6개월 이상 지속적으로 치료한 후에 장애 진단이 이루어
집니다. 자폐성 장애라면 최소 만 2세 이상으로 전반적 발달장애
가 확실해진 시점에 장애진단이 가능합니다. 뇌전증의 경우 진단
후 1~2년 이상의 지속적 치료에도 변화가 거의 없을 정도로 고착
된 시점에서 진단이 가능합니다.

3

좋은 치료실 만나는 법

저희 연구소에는 18개월 영유아부터 성인까지 다양한 아이들과 부모님들이 방문합니다. 특히 18개월 영유아의 경우 발달검사 후 언어이해 및 표현이 부족하다는 소견을 받고 덜컥 겁이 나서 오시는 경우가 있습니다. 그리고 "우리 아이 언어 치료가 필요한가요?" 라고 여쭤보십니다.

아이들의 언어는 상대적인 차이를 보입니다. 성별에 따라 차이를 보이기도 하고 자라온 환경에 따라서도 다릅니다. 자라온 환경이라면 형제의 유무와 소득수준, 장애 형제의 유무도 포함됩니다.

자, 그렇다면 우리 아이의 언어는 지금 어떤 수준인가요? 확실히 잘 모르겠다고 하면 유치원 또는 어린이집 선생님의 조언이나 또래 어머님들의 조언을 들어보는 것도 좋은 방법입니다. 보다 객관적인 시선으로 바라봐 주실 거라고 생각합니다. 주변에서 "에이 괜찮아~ 말이 늦게 트일 수 있지. 우리 ○○도 그랬어~"하며 이야기를 주실 수도 있습니다. 그래도 조금 염려되시면 병원이나 센터를 방문하셔서 정확하게 발달을 체크해 보시는 것도 좋습니다.

① 언어 치료가 필요한 아이들

그럼, 병원이나 센터를 방문하기 전 간단하게 아이의 언어를 체크해 볼 수 있는 방법을 알려드리겠습니다. 아이의 언어 수준을 바라볼 때 그럼 어떤 기준으로 바라봐야 할까요? 언어는 크게 수용, 표현, 화용으로 나뉩니다. 보다 세부적으로 나눈다면, 어휘(낱말) 수, 구문 길이, 의사소통 기능으로도 볼 수 있습니다.

"할 줄 아는 말이 '엄마', '물'밖에 없어요."
➡ 아이의 어휘 수가 또래와 비교할 때 적진 않은가요?

"아직도 한 낱말로 표현해요."
➡ 구문 길이 즉, 말하는 길이가 너무 짧진 않은가요?

"원하는 거 있으면 떼를 쓰거나 끌고 가요."
➡ 상호작용이 너무 제한적이진 않나요?

연구에 따르면 한국 영아들은 20~21개월 사이에 100개 어휘를 습득합니다. 만 2세(24개월)는 어휘 폭발 단계로 매일 새로운 단어를 3~4개 습득하고, 만 3세(36개월)에 이르면 약 500개의 어휘를 이해하고 표현하게 됩니다. 따라서 아이의 어휘가 점차적으로 증가하지 않거나 너무 제한된 어휘를 사용하는 경우 중재가 필요합니다.

아는 낱말이 50개 정도가 되면 아이들은 낱말을 합쳐서(예를 들어, 아빠 가, 엄마 물) 표현하게 됩니다. 빠른 경우에는 18개월 전후로 나타나며 늦더라도 24개월경에는 낱말 조합이 나타나는데 아이의 구문이 만 2세가 되어도 한 낱말 수준에 머물러 있다면 중재가 필요합니다.

또한 일반적으로 12개월 이후가 되면 언어를 통해 자신의 의도를 표현합니다. 그리고 의사소통 기능에 가장 필요한 눈 맞춤, 응시하기, 모방하기, 공동주의 집중하기, 차례 주고받기가 이루어집니다. 따라서 아이와 놀거나 상호작용을 할 때, 눈 맞춤, 모방, 공동주의, 차례 주고받기를 확인해 보시고 12개월 이후에도 의도 표현이 잘 이루어지지 않는다면 중재가 필요합니다.

② 효과적인 치료를 받으세요

만 3세부터 수업을 받기 시작해 5년 동안 열심히 치료를 받아온 아이들이 있습니다. 부모님들의 헌신적인 노력과 사랑으로 치료받은 아이들에게 나타나는 결과는 똑같을까요? 어떤 아이는 놀라운 발전이 있는 반면, 어떤 아이는 좋아지기는 했지만 발전이 더뎌 보일 수도 있기 마련입니다. 어떤 차이가 있을까요? 그 차이에 대해서 알려드리겠습니다.

부모님들이 자주 범하는 실수 중 하나는 특정 치료가 효과적이었다는 이야기를 듣고, 쇼핑몰을 다니듯 몇 달 간격으로 치료실을 바꾸는 것입니다. 부모님들이 아이에게 다양한 경험을 주고 싶어 하는 마음은 이해가 되지만, 이는 오히려 역효과를 초래할 수 있습니다. 아이는 불안하고 예민해지며, 새로운 환경에 적응하기 어려운 상황이 될 수 있습니다. 이와 함께, 부모님들도 여기저기서 들은 정보로 지식은 많아졌으나, 정작 우리 아이에게 맞는 방향을 찾지 못해 치료에 대한 회의감에 빠지게 되는 경우가 많습니다. 이러한 혼란을 방지하려면 일관된 치료 계획을 세우고, 아이의 필요에 맞춘 전문적인 상담을 받는 것이 중요합니다.

그럼 어떻게 해야 할까요? 방향성과 아이에게 맞는 교육을 잡아가기 위해서 신중히 알아보시는 것은 필요하나 더 중요한 것은 아이를 진심으로 이해하고 좋아지기를 바라는 전문가들의 가이드를 잘 받으며 아이의 진전 목표를 위해 꾸준히, 성실히 나아가는 것입니다. 효과적인 치료를 받으려면 이렇게 해주세요!

1. 전문가와 충분한 대화 나누기

전문가들은 많은 지식과 경험을 가지고 있습니다. 그러니 아이에 대한 고민과 문제에 대해 충분히 대화를 나누어 적절한 중재 방법을 배우고, 이후 일어날 수 있는 어려움에 대해서도 미리 예방하는 것이 좋습니다.

2. 성실하게 치료받기

과거에는 36개월까지 아이를 지켜보는 것이 좋다고 보았습니다. 그러나 최근에는 조기 선별 검사도 많이 이루어지고 있습니다. 아이가 성장 지표에 비해 6개월 정도 느리다고 생각되시면 빨리 병원과 치료실을 방문해서 아이에게 적절한 환경을 제공하는 것이 중요합니다. 진전이 느린 아이, 빠른 아이 모두에게 그 시간은 밥 먹는 시간만큼 중요한 시간이기에 성실하게 치료 받으셔야 합니다.

3. 최대한 빠지지 않기

치료에 한두 번 빠지다 보면 아이의 루틴(routine)이 깨져 적응이 더욱 어려운 아이가 되어버리고 부모님들도 나태해지기 쉽습니다. 초심을 잃지 말고 최대한 빠지지 않고 열심히 다니시는 게 효과적입니다.

4. 아이의 목표 방향을 명확하게 바라보기

전문가에게 아이의 목표나 방향성에 대해서 꼭 물어보시고 메모하세요. 그 방향을 늘 염두에 두시고 생활하셔야 합니다. 방향을 알고 생활하는 것과 모르고 생활하는 것은 너무나 다른 결과를 나타냅니다.

5. 집에서 연계하려고 노력하기

집에서 연계하는 것이 어렵다는 것은 너무 잘 알고 있습니다. 그래도 조금이라도 연계를 하는 분들은 아이가 어떤 부분에서 진전이 어려운지에 대한 이해도가 높기에 치료에 대한 매너리즘에 빠지지 않게 됩니다. 하지만 연계가 안 이루어지는 부모님들은 어떤 시점에서 아이의 진전과 치료의 효과성에 대한 의심과 불안함이 찾아오게 됩니다. 그러므로 연계하려는 노력이 필요합니다.

연계가 이루어져 이해도가 높은 경우 아이가 잘 따라오지 않더라도 '우리 ○○(이)는 지금 요구하는 게 어렵구나~ 저번엔 집에서 도와주니 대답하기가 많이 좋아졌는데 이번엔 요구하기를 좀 더 도와주어야겠다.'라고 생각을 합니다. 그러나 연계가 이루어지지 않으면 '이렇게 노력과 투자를 해도 왜 안 오르는 거야? 좋아지는 게 맞아? 다 부질없는 거야'라고 회의감에 빠지게 됩니다.

❸ 드라마틱하게 좋아지는 아이의 비밀

처음 치료를 시작하실 때는 많은 부모님들이 열성적으로 치료에 임합니다. 정말 대출을 받아서 치료를 받는 분들도 계시고 수입의 전부를 투자하셔서 아이의 교육에 힘쓰고 노력하시기도 합니다. 그런 노력 끝에 아이가 좋은 성과를 보이면 좋겠지만 그렇지 않은 아이들도 있지요. 과연 어떤 아이들이 드라마틱하게 좋아질까요?

1. 집에서 연계가 잘 이루어집니다.

드라마틱하게 좋아지는 아이는 과제 수행률이 좋습니다. 하루 40분 치료실에서 수업을 받는 것인 전부인 아이와 수업이 끝나고도 매일 20~30분씩 집에서 연계된 지원을 받은 아이의 수행률은 다를 수밖에 없습니다. 수행률이 높으면 그다음 목표로도 쉽게 나아갈 수 있습니다.

2. 아이의 긍정적인 면을 바라봅니다.

드라마틱하게 좋아지는 아이는 부모님들의 칭찬을 먹고 자라납니다. 성장이 더딜 때도, 어느 날은 기대보다 못할 때도 칭찬해 주면 아이들은 그 칭찬을 받기 위해 다음에 더욱 잘하려고 노력하는 모습을 보입니다.

3. 아이의 강점과 약점을 파악합니다.

드라마틱하게 좋아지는 아이는 부모님들이 아이의 약점뿐 아니라 강점도 인지하고 계십니다. 그래서 아이의 강점은 더욱 올려주고, 약점은 보다 시간을 투자하여 전문가와 함께 목표를 가지고 중재해야 합니다. 아이의 약점만 보기보다 아이가 좋아하는 것, 아이가 관심을 가지는 것, 아이가 잘하는 것도 보려는 시선이 필요합니다.

4. 도전 행동에 불안해하지 않습니다.

드라마틱하게 좋아지는 아이는 부모님들이 아이의 도전 행동 또는 특성들에 대해 쉽게 불안하거나 두려워하지 않습니다. 전문가와 함께 중재를 통해 조절시켜 줄 방법을 찾으며 아이의 변화를 기대하기 때문입니다.

5. 장기전으로 생각하고 언제나 한결같은 마음으로 합니다.

처음 치료를 받으러 오실 때, 1년 동안 열심히 하면 아이의 장애가 감기처럼 사라질 것이라고 기대하시는 경우가 많습니다. 그리고 1년 동안 정말 누구보다 열심히 치료를 받으시고 연계를 하십니다. 그러나 생각보다 더딘 아이의 변화에 실망하고 낙심하여 포기하는 경우가 있습니다.

그러나 비장애 아이들도 꾸준히 교육을 받으며 성장하듯 장애 아이들도 똑같이 꾸준한 교육을 받아야 한다고 생각합니다. 아이가 받는 치료를 특별하게 생각하지 않고 늘 한결같은 마음으로 하는 것이 중요합니다.

'마부작침(磨斧作針)'이라는 고사성어가 있습니다. 이는 어떤 힘든 일도 열심히 노력하면 이룰 수 있다는 말입니다. 아이가 드라마틱하게 좋아지기를 원하십니까? 나는 열심히 하고 있나요? 그리고 꾸준히 하고 있나요? 꾸준한 사랑과 노력으로 아이의 변화를 경험하고, 그 성공 경험으로 또 한 발짝씩 나아갑시다.

내가 스스로 변화된 아이를 만나지 못한다면 늘 제자리걸음을 하는 것 같습니다. 아이가 좋아져도 좋은 선생님을 만나도 그런 것은 나에게 아무런 상관이 없습니다. 부모님이 스스로 변화된 아이를 만나셔야 합니다.

HELLEN's Letter

#1 발달이 더딘 우리 아이

"발달이 더딘 우리 아이 자꾸 다른 아이와 비교가 돼요. 오랜만에 여름 맞이 휴가로 복지관에 같이 다니는 엄마들이랑 같이 휴가를 갔는데 우리 아이랑 비슷했던 아이가 더 많이 성장한 것 같고 우리 아이는 그 자리에 그대로 있는 거 같아서 내가 하는 노력이 맞는지 혼란스럽고 마음이 힘들어요."

우리 아이는 우리 아이일 뿐이에요. 각자 아이에 대한 고민이 있는데 그 부분이 안 보일 뿐이지 모두 똑같은 마음으로 아이를 키우고 있답니다. 지금까지 하신 모든 것은 헛된 것도 잘못된 것도 없어요. 왜냐하면 행했던 모든 행동들에는 그 아이를 향한 사랑이 담겨 있기 때문이에요.

걱정 마세요. 어머님, 아버님의 그 걱정이 아이를 더 성장시키고 있습니다. 이 아이 한 명을 위해 고민하고 있는 사랑이 아이를 올바른 길로 인도해주고 있답니다. 아이는 성장하고 있고 좋은 길과 방향으로 나아가고 있습니다.

#2 각성이 너무 높아요!

"각성이 너무 높고 이상한 행동을 너무 많이 하는 아이. 통제가 되지 않아서 너무 괴롭고 힘들어요. 잠도 제대로 자지 않아서 그 부분들이 저를 너무 지치게 만듭니다."

아이가 조절할 수 없어서 나타나는 행동을 무력이나 크게 야단을 쳐서 고치려는 시도는 의미가 없습니다. 아이의 자극의 그릇에 자극이 부족해서 "엄마 나 배고파…"라고 하는 것과 같은 거예요. 그런 아이에게 배고프다고 말하지 말라고 이야기한다면 아이는 더 불안해지겠지요.

아이가 날뛰고 불편함을 표현할 때, '얘는 또 왜 이렇게 난리야'라고 생각하기보다 '아… 우리 아이가 자극이 부족해서 배가 고픈 상태구나…'라고 생각하고 다양한 자극들로 아이의 자극의 그릇이 채워질 수 있도록 도와주는 것이 중요합니다.

아이의 모습을 바라볼 때, 한숨짓기보다는 이 아이가 가지고 있는 기특한 구석 하나를 생각해 보시면 훨씬 아이도 부모님도 안정된 마음으로 지내실 수 있을 거예요. 특히 잠은 욕구이기 때문에 함께 못 자다 보면 가족들 모두가 예민하고 힘들어질 수 있어요. 그러니 아이의 자극의 그릇을 충분히 채워주고 아빠와 엄마가 서로 배려하며 서로의 수면시간을 채워주려고 노력하다 보면 그 시간도 잘 지나갈 수 있을 거예요.

#3   부모의 기다림이 아이를 변화한다

조선 효종 때 김득신이라는 분이 계십니다. 한국민족문화대백화 사전에 따르면 김득신이라는 인물은 어릴 때 천연두를 앓아 노둔한 편이었다고 합니다. 가문의 어른들조차 저 녀석을 호적에서 파자고 하였지만 아버지만은 득신을 포기하지 않았습니다.

19세에 드디어 첫 글을 완성한 김득신에게 아버지가 이렇게 말합니다. "득신아 네가 드디어 글을 쓰는구나! 60세까지 너를 밀어줄 테니 지금처럼 쓰고 또 쓰거라. 학문의 성취가 늦는다고 성공하지 말란 법이 없다. 그저 읽고 또 읽으면 반드시 대문장가가 될 것이다. 그러니 공부를 게을리하지 마라" 김득신은 격려에 힘입어 공부에 정진한 끝에 약 40수만에 과거에 합격하였습니다. 그리고 책을 잡으면 수없이 반복하여 읽었습니다. 김득신은 많은 시를 남겼는데 '용호', '구정', '전가' 등의 시가 유명합니다.

아버지의 믿음 덕분에 당대 최고의 시인이 탄생하였습니다. 지금 아이의 모습이 인생의 전부는 아닙니다. 자식에 대한 부모의 신뢰와 기다림은 아이를 성장시킵니다. 지금의 모습이 아이의 전부가 아닙니다. 아이는 지금도 성장하고 있다는 것을 기억해주세요.

#4 오늘과 내일은 반드시 다르다

내가 낳은 아이가 장애라는 사실은 어떤 감정을 불러일으킬까요?
어떤 책에서는 "당신의 아이는 이제 끝입니다."라는 말과 동일하게 부모에게 들린다고 합니다. 힘든 나날을 지나고 있을 때는 이 상황이 언젠가 끝난다는 사실을 받아들이기 어렵습니다. 모든 것이 순조로울 때 역시 좋은 흐름이 영원할 듯 느껴집니다.

그러나 우리의 삶에서 단 하나 분명한 진실은 모든 것은 확실하지 않다는 것입니다. 지금 상황이 아무리 나쁘더라도 시간이 지나면 좋게 변하고 지금 상황이 아무리 좋더라도 어떤 시점이 오면 분명 어려움을 맞이합니다.

사람은 자신이 처한 상황이 아닌 대하는 태도로 규정됩니다. 회복력을 가진 사람은 어떤 상황에서도 자신의 자리를 지킬 수 있고 그 상황에서도 기쁨과 감사를 선택할 수 있습니다. 상황 자체보다 상황이 내면에 미치는 영향이 중요한 것입니다.

상황이 변하지 않을 것 같다는 잘못된 믿음에 빠져 있지는 않으신가요?
모든 상황은 일시적이고 변화합니다. 우리 아이도 그 자리에 머물러 있을 거 같지만 변화합니다.
그러면서 우리 가족도 점점 행복의 자리에 서게 됩니다.

어떻게 변화할지 선택은 나의 몫입니다.

#5   아이와 함께 하는 동안 남김없이 쏟아내라

우리 아이가 장애임을 들으면 이런 감정에 놓인다고 합니다.

부정 : 내 아이가 장애라고? 그럴 일이 없어. 우리가 도대체 뭘 잘못한 거지?

우울 : 우리 아이가 장애라고? 장애인이면 아무것도 할 수 없는데.. 어떻게 살아가지?

죄의식 : 우리 애의 장애는 다 내 탓이에요. 내 잘못이에요⋯. 우리가 벌 받는 걸까요?

부정, 우울, 죄의식이라는 틀 안에서 벗어나지 못하고 있지는 않으신지요. 나의 아이가 최선의 발전을 보이도록 매일매일 내가 할 수 있는 모든 일을 다 하기로 마음먹습니다. 이내 수용하는 것입니다.

수용 : 우리 아이, 장애이긴 하지만 잘 크고 있어요. 여전히 사랑스럽고 이렇게 조금씩 커 가다 보면 자기 일도 생길 거고 멋진 어른이 될 수 있을 거예요.

그러나 시간이 좀 더 지나면 '과연 이 아이가 좋아질까?' 하는 불안함이 생기고 '내 노력이 얼마나 효과적이겠어.' 같은 핑계를 대며 치료를 미루게 됩니다. 혹 지금도 차일피일 미루면서 '내일쯤 하면 되지 뭐.' 라고 생각하는 일이 있지는 않은가요?

만약에 있다면 오늘 당장 행동을 개시하고. 무엇이든 실행하고. 작은 것부터 시작해 조금씩 발전시켜 나가세요. 아이는 부모의 따뜻한 손길을 기다리고 있습니다. 무엇이든 괜찮아요. 이 아이를 위해서 하는 숟가락질 하나, 보여주는 책 한 권, 들려주는 동요 한 곡까지 모든 것이 의미가 있습니다.

오늘 행동을 개시하세요. 무엇이든 실행하세요.
작은 것부터 시작해 발전시켜 나가세요.

chapter 2

영유아기 우리 아이,
아직도 말이 없다

① 영유아 발달의 기본기

24개월이 되어서 아이를 데리고 문화센터에 방문을 하는데 우리 아이만 옹알이도 없고, 눈 맞춤도 안 되고, 상호작용을 하려는 의도도 없으면 불안한 마음이 불쑥 찾아오게 됩니다. '나 때는 다섯 살이 다 되도록 말 못하는 애들 많았어.'라고 위안도 해보지만 마음에 찾아오는 불안감은 어떻게 할 수 없습니다. 아이들마다 발달은 모두 다르고 조금 느리게 성장할 수 있습니다. 너무 조급한 마음은 아이도 가정도 모두 불안하게 하는 요인이 될 수 있습니다. 조급한 마음 대신 하나씩 가르쳐 준다는 마음으로 아이를 바라보신다면 가족 모두가 불안하지 않습니다.

① 발달 원리 이해하기

아이들이 발달하는 과정에는 몇 가지 일반적인 원칙들이 있습니다.

먼저, 발달에는 순서가 있습니다. 아이들은 앉은 다음 서게 되고 선 다음에야 걷게 됩니다. 아이들의 언어도 옹알이를 한 다음 말을 하며 그 이후에 간단한 문장에서 복잡한 문장을 사용하는 것이지 옹알이를 지나 바로 문장으로 표현하는 것은 어렵습니다.

둘째로 발달은 일정한 방향으로 진행됩니다. 그래서 유아 초기에는 몸 전체를 사용하지만 조금씩 손가락을 움직여 연필을 잡거나 하는 정밀한 행동으로 발달하게 됩니다.

셋째로 발달의 속도는 모두 다르고 개인차가 있습니다. 그러니 다른 아이들과 비교하기보다 우리 아이의 속도를 지키며 함께 걸어가야 합니다.

넷째로 발달의 각 영역은 서로 영향을 주고받습니다. 신체적 발달, 인지적 발달, 사회 정서적 발달은 서로 상호작용을 합니다.

아이의 일생을 놓고 볼 때, 영유아기에는 신체, 운동, 지능, 언어, 성격, 사회성, 정서, 도덕성 등의 모든 영역이 급성장하기에 매우 중요한 시기입니다. 그러므로 영역별 발달 시기를 잘 기억해서 적절한 발달이 이루어질 수 있도록 도움을 주어야 합니다.

② 영역별 지원 방법

① 건강 관리

예방접종

아이의 건강 관리 중 예방 접종은 일반적으로 적절한 시기에 따라 접종하는 것이 중요합니다. 아이의 치료에 신경 쓰느라 시기에 따른 접종 일자를 놓치는 경우가 없도록 '어린이 국가예방접종 지원사업'을 잘 참고하고, 핸드폰에 알림 설정을 하거나 플레이스토어에 '아기 수첩'을 활용하면 도움이 됩니다. 그리고 영유아 시기에는 아이들 특성에 따라 발열이나 발진, 두드러기, 호흡곤란과 같은 부분들도 나타날 수 있으니 오전에 예방접종을 받고, 오후에는 아이의 상태를 잘 살펴주어야 합니다.

구강 관리

우리 아이들은 입의 근육이 원활하지 않다 보니 입술, 혀, 턱 등 구강과 관련된 감각들이 둔감하거나 민감한 경우들이 있습니다. 그러다보니 충치도 많이 생기고 부정교합도 많이 나타납니다.

또한 아이에 따라 쪽쪽이를 끊는 시기를 놓치는 경우도 많습니다. 처음 신생아 때는 쪽쪽이를 통해 빠는 욕구가 충족될 수 있으나 24개월 이상 오래도록 사용하면 아이의 옹알이를 막을 수 있어 언어발달에도 영향을 주고, 더 나아가 영구치가 나는 만 6세가 넘으면 치아 형성에도 문제가 생길 수 있습니다. 그러므로 쪽쪽이 사용 시기는 신생아 시기가 지나는 4주 이후부터 6~12개월 사이에 끊는 것이 좋습니다.

취학 전 구강 관리는 정기검진과 더불어 가정에서의 관리도 필요합니다. 정기검진부터 살펴보자면 최소 40개월, 만 2세에 진행하면 적절합니다. 아이가 특별한 치과적 이상을 나타내지 않는다 해도 늦어도 만 2세경에는 치과에 내원하여 검진해야 충치의 조기 발견 및 치료를 위해 바람직합니다. 또한 이를 시작으로 주기적인 검진을 받기를 권합니다. 3개월이면 충치가 발생해서 신경까지 침범이 가능한 기간이므로 이미 치료를 받은 치아라도 방심하지 말고 3개월에 한 번 가벼운 치과 정기 검진을 꼭 받도록 합니다.

수면 관리

아이들 중에는 수면에 문제를 가지는 경우도 있습니다. 수면의 어려움은 다른 어려움에 묻혀 간과되기 쉽지만 가족들의 건강과 일상에도 영향을 미치므로 올바른 수면 관리는 중요합니다.

수면에 문제가 있는 경우, 아이들은 수업 시간에 집중하는 것이 어렵고 부모님들의 신체 및 정신건강에도 많은 영향을 주는 것을 볼 수 있습니다. 최근 연구소를 방문한 아이 중에서도 수면 문제가 해결이 되니 수업의 질과 양이 확실히 변화되는 모습을 보였습니다.

먼저, 아이에게 필요한 수면 시간을 확인하는 것이 좋습니다. 아이마다 다르지만 대략 3~5세가 되면 하루에 10~13시간 자고, 6~12세가 되면 하루 9~12시간 잠을 자게 됩니다. 그러나 필요로 하는 수면 시간은 아이마다 차이가 있습니다. 부모님은 아이가 편안하게 생활하기에 적절한 수면의 시간을 살펴보는 것이 좋습니다. 그리고 밤에 일찍 재우기 위해서는 오후 4시 이후에는 낮잠을 재우지 않는 것이 좋습니다.

또한 밤에 자기 전엔 각성을 일으킬 수 있는 당이 높은 간식을 줄이고, 과도한 운동은 줄여주는 것이 좋습니다. 간혹 자기 전에

강한 운동을 해서 에너지를 사용하도록 하는데 그런 경우에는 아이들이 깊은 수면에 들기 어렵습니다.

수면장애는 왜 일어나는 것일까요? 수면장애는 우리 아이들에게 많이 나타납니다. 주변 환경에 과민하게 반응하고, 자기 조절에도 어려움이 있어 나쁜 수면습관을 가지고 있는 경우가 많기 때문입니다. 그 외에도 신체적인 어려움(변비나 통증), 잠드는 것을 방해할 정도의 반복적인 생각이나 집착 행동들, 그리고 복용하는 약의 효과나 부작용 등 다양한 요인이 있습니다.

수면장애를 겪고 있는 아이, 어떻게 해야 할까요?

1. 일정한 취침시간을 정해서 그 시간에 잠이 들도록 합니다.
2. 따뜻한 물로 목욕을 합니다.
3. 깨끗한 잠옷을 입고 잠자리에 눕습니다.
4. 좋아하고 따뜻한 내용의 동화책을 읽습니다.
5. TV, 핸드폰, 스마트기기를 침대 위에서 사용하지 않습니다.
6. 잠자기 1시간 전에는 물, 음료 섭취를 금합니다.
7. 부모님들도 아이와 같이 잠자리에 일찍 듭니다.

식습관 관리

우리 아이들은 구강 감각이 예민하고 또 섭식에 어려움을 겪는 경우도 있어서 먹는 음식이 제한적이고 편식이 심한 경우도 많이 있습니다. 그래서 올바른 식습관을 가지는 것이 중요합니다.

식습관은 영유아기 아이들에게 사회 정서적, 인지적, 언어적, 신체적 발달을 이루는 토대를 제공해 주며 함께 식사하는 가족과 분위기는 사회성 발달에도 미치게 됩니다. 따라서 식사시간에 부정적인 자극을 지속적으로 받게 되면 음식을 거부하거나 관심이 사라질 수 있습니다. 또한 다양한 자극의 음식을 접하는 경우와 그렇지 않은 경우는 언어 및 발음에도 영향을 주는 것을 관찰할 수 있습니다. 영유아기에 너무 부드러운 음식을 먹거나 잘 씹지 않는 경우에는 턱 움직임과 혀의 움직임이 제한적이 될 수 있습니다.

그렇다면 영유아기 영양공급 계획은 어떻게 세우면 될까요? 걸음마기에 접어든 영유아에게는 다양한 자극의 음식을 제공합니다. 새로운 음식을 먹기 전엔 적은 양을 주고 더 먹고 싶어 하면 더 주는 것이 좋습니다. 씹어야 하는 음식을 거부할 수도 있지만 구강 발달을 포함한 발달 기능에 따라 음식을 선택하도록 합니다. 다만, 흡인될 위험이 있는 견과류(호두, 땅콩, 아몬드) 음식은 주지 않습니다.

편안한 의자나 키에 맞는 밥상을 준비합니다. 긍정적이고 즐거운 시간이 될 수 있도록 합니다. 식사와 간식은 규칙을 정하고 일정한 양을 먹도록 합니다. 이 시기에 제공되는 음식에 따라 선호하는 맛이 결정되기 때문에 단맛보다는 다양한 맛의 경험을 할 수 있도록 식단을 제공하는 것이 중요합니다.

2~5세 영유아에게는 칼슘공급이 중요합니다. 우유는 하루 2컵, 탄산은 제공하지 않도록 합니다. 과일주스의 경우는 연령에 맞게 과일을 제공하는 것이 좋습니다. 목이 마를 때는 우유나 음료보다 물을 마시도록 지도합니다.

이어서 아이들의 식습관을 관리하는 방법을 알아보겠습니다.

1. 말을 아끼기
식사하는 동안에는 될 수 있으면 말을 아끼고 식사 전 어떤 음식을 먹을지, 맛은 어떨지 이야기를 나눕니다. 지시가 필요한 경우에는 아이가 이해하기 쉽게 간단명료하게 하도록 합니다.

2. 적절한 관심 주기
아이가 울거나 떼쓰기 또는 구역질을 하는 부정적 행동은 가능한 무시하고 새로운 음식을 맛보거나 적절한 행동을 할 때 칭찬해

줍니다. 음식을 먹도록 간청을 하거나 위협을 해서는 안 됩니다.

3. 식사 전쟁을 피하기

부모가 아이의 식사문제에 반응을 덜 할수록 아이는 도전 행동을
덜 보입니다. 아이와 다투지 않고 조용히 음식을 먹도록 합니다.

4. 모델링(보고 배우는 관찰)을 이용하기

아이에게 규칙적으로 정해진 시간에 여러 음식을 잘 먹는 모습
을 가족이 함께 보여주도록 합니다.

5. 식사습관 기르기

주변을 조용히 하여 같은 장소에서 가족들과 밥을 먹는 것이 좋
지만 식사에 예민한 경우 식사하는 사람의 수를 제한하는 것도 좋
습니다. 항상 같은 종류의 컵, 그릇, 식기를 사용하여 이러한 물건
이 식사와 연관된다는 것을 알려주는 것도 좋습니다.

아이와 밥을 먹을 때 부모님들이 하지 말아야 할 주의 사항으로
는 무엇이 있을까요?

우선, 아이들이 앉아서 식사하기를 힘들어하는 경우에 보통의
부모님들은 한 입이라도 더 먹이고 싶은 마음에 텔레비전이나 동
영상을 보여주면서 밥을 먹이는 경우가 있습니다. 단기적으로는

아이가 잘 먹을 수도 있겠지만 장기적으로는 올바른 식사예절을 배우기도 어렵고 또 식사의 집중도가 분산 되므로 식사 태도에 부정적인 영향을 미칠 수 있습니다.

아이가 앉아서 밥을 먹기 어려워한다면 청각적인 자극(동요, 이야기 테이프)를 들려주거나 식사시간 전 간식의 양을 줄여주세요. 식사시간에 모두 함께 맛있게 먹는 모습을 보여주면서 건강한 식사 습관을 기르는 것이 중요합니다.

때때로 우리 아이들은 좋아하는 맛, 색, 질감의 음식만 선호하고 새로운 음식을 받아들이는 것을 어려워합니다. 이럴 땐 다양한 음식을 접할 수 있는 환경을 제공해 주고, 아이가 먹을 수 있는 작은 크기로 음식을 제공하거나, 함께 요리를 하면서 음식에 대한 예민함을 둔감화 시켜주는 것이 필요합니다.

음식에 대한 거부감이 심하다면 아이가 먹기 싫어서 입안에 음식을 물고 있거나 음식을 먹은 후 토하는 행동이 흔하게 나타납니다. 이럴 땐 제공하는 음식의 양을 줄여주거나 선호하는 음식의 리스트를 기록하고, 식사와 식사 사이에 간식이나 단 음식을 줄여줍니다. 다시 제시할 경우 아이가 음식을 뱉어도 결국 다시 먹어야 함을 알려주는 것입니다. 뱉은 음식과 같은 양과 음식을 다시 제공하는데

잘게 잘라서 제공을 하거나 아이가 좋아하는 조리 방식(예. 호박→
호박전, 채소→볶음밥, 당근→먹기 편한 스틱 모양)으로 제공합니다.

종이, 실, 머리카락 등을 먹는 이식증이라는 행동이 있을 수 있
습니다. 우리 아이들은 종종 구강 추구 행동을 보이며, 이로 인해
이식증 증상이 나타날 수 있습니다. 이식증은 음식이 아닌 물질을
먹는 행동을 말하며, 대부분의 아이들은 18개월이 되면 이러한 행
동이 사라집니다. 그러나 이식증이 있는 아이들은 18개월 이후에
도 이러한 행동을 지속할 수 있습니다. 이러한 경우 부모님들은 아
이가 이식증을 보일 때 적절히 대처하는 방법을 알아야 합니다. 이
식증이 있는 아이들을 위해 부모님들이 할 수 있는 대처법을 살펴
봅시다.

1. 아이가 입안에 넣으려고 하는 것이 무엇인지 확인한다.
2. 먹는 것들의 리스트를 작성해서 의사, 전문가에게 알린다.
3. 이식행동의 빈도를 기록한다.
4. 언제, 어떤 상황에서 나타나는지 기록한다.
5. 이식하는 물건들을 아이의 시야에 보이지 않는 곳에 둔다.
6. 무료해서 나타나는 경우도 많기 때문에 적절한 환경을 제공한다.

만약 음식물을 씹기 어려워할 때는 어떻게 해야 할까요? 구강 감각이 예민한 아이들은 먼저 구강 둔감화를 목표로 해야 합니다. 부모님들은 부드러운 아기용 칫솔로 잇몸을 마사지하거나, 손수건 같은 천을 아이가 씹거나 빨 수 있도록 도와줄 수 있습니다. 식사할 때에는 아이가 좋아하는 음식의 질감을 다양하게 제공하는 것이 좋습니다. 꾸준한 연습과 적응 과정을 통해 아이의 구강 감각을 점진적으로 개선해 나가는 것이 중요합니다.

마지막으로 음식물을 삼키지 않고 입안에 오랫동안 머금고 있을 때는 어떻게 하면 좋을까요? 음식의 크기, 질감을 조절해주는 방법이 있습니다. 아이가 좋아하는 음식의 크기나 질감을 줌으로써 입안에 머금고 있는 습관을 해결할 수 있습니다. 아이가 구강이 예민할 경우 목에 걸릴 위험성을 느끼고 머금고 있는 경우가 있기 때문에 음식을 먹는 횟수가 늘어나면 그때 음식의 크기나 질감을 다양하게 제공하면 됩니다. 아이가 음식을 삼키기 쉽도록 마실 것을 조금(한 모금이나 한 숟가락) 주거나, 아이가 좋아하는 질감의 음식을 섞어서 주면서 친숙하게 음식을 삼킬 수 있도록 도와줍니다.

S.O.S. 응급처치

음식물이 기도를 막았을 때

기침을 하거나 의사 표현을 할 능력이 부족한 경우 쉰 숨소리, 쉰 울음소리나 얼굴이 파랗게 변하는 청색증이 보이면 음식물이 기도를 막았다고 판단할 수 있습니다. 이런 경우 부모님은 일단 침착해야 합니다. 부모님이 당황하면 아이는 더 위험해집니다.

아이들은 한번 숨이 막히면 답답하니까 자꾸 숨을 들이마셔서 막힌 것이 더 안으로 빨려 들어가는 경우가 많습니다. 아이가 갑자기 숨 막히면 우선 입을 들여다봐서 먹고 있는 것이 보이고 쉽게 꺼낼 수 있다면 바로 꺼냅니다. 그러나 좀 깊이 있는 것은 꺼내려다 잘못하면 숨을 더 막히게 할 수 있으므로 주의해야 합니다.

뇌전증, 경기로 정신을 잃고 쓰러졌을 때

발작이 있을 시에는 질식의 위험성을 줄이기 위하여 아이를 옆으로 눕혀 적절하게 기도를 유지시켜야 합니다. 평평한 바닥에 아이를 눕히고 고개를 옆으로 돌린 후 이물질이 입에 들어가지 않도록 조심해야 합니다. 그런 다음 시계를 보고 시간을 재고, 사정이 허락되면 이름 등 반응을 주면서 동영상을 찍으면 의사 선생님께서 보여드려 실제 발작인지 아닌지를 판단하는 데 많은 도움이 될 수 있습니다. 경련이 3~5분 지속되거나 연이어 반복적으로 발생하는 경우 119 전화한 후 병원에 방문하여 처치(주사제 투여 포함)를 받아야 합니다. 또한 주변의 위험한 물건들을 치워서 다치지 않게 합니다. 입안의 내용물이 배출될 수 있도록 고개를 돌려주고, 혀를 깨물지 못하도록 하고 3분 이상 경기가 계속되면 가급적 빠른 시간 내에 응급처치가 가능한 병원으로 옮깁니다. 손을 딴다거나, 사지를 주무르는 행위는 실제로 경기를 억제하는 데 아무런 영향을 주지 못합니다.

유아 교육기관 취학 준비하기

아이들이 부모의 품을 떠나 처음 시작하는 교육기관이 바로 유아 교육기관입니다. 3~4세에 연구소에 처음 와서 치료를 받고, 이제 5~6세가 되면 부모님들은 새롭게 아이들과 어울릴 수 있는 유치원이나 어린이집을 찾아보십니다. 이때 어떤 환경의 교육기관이 아이에게 맞을까 많이 고민하고 염려를 하십니다.

일반적으로 일반 어린이집, 장애 통합어린이집, 장애 전담어린이집을 대상으로 많이 생각하고 계시는 것 같습니다. 아이에 따라 잘 맞는 곳은 모두가 다르고 또 선생님이 얼마나 아이에 대한 애정과 사랑을 가지고 계시는지에 따라서도 다릅니다. 또 부모님들의 선호와 가치관에 따라서도 다르지만 가장 중요한 것은 아이가 편안하고, 선생님이 아이에게 얼마나 관심을 가지고 사랑의 마음으로 대해 주시는지가 중요합니다. 또 우리 아이들은 약 복용, 사회적인 부분, 언어 표현, 이해, 또래 관계 등 여러 부분에서 선생님들과의 소통이 중요하기 때문에 소통이 원활히 이루어질 수 있는 곳으로 가는 것이 좋습니다.

또래와 함께 생활하기

아이들이 영유아기를 지나면 어린이집이나 유치원 또는 소그룹 프로그램을 통해 또래 친구들을 만납니다. 함께 장애를 가진 친구들을 만나기도 하지만 비장애 친구들도 놀이터나 키즈카페 등 다양한 장소에서 만나게 됩니다.

처음 우리 아이들이 사회에 나가게 될 때면 부모님들은 많이 두려워하고 긴장과 걱정을 합니다. 친구들에게 놀림을 당하진 않을까, 미움받지 않을까, 다른 사람들에게 폐를 끼치는 것은 아닐까 걱정이 많아집니다. 우리 아이가 또래 친구를 만났을 때 어떤 준비가 필요한지 살펴봅시다.

아이의 장애 이야기하기

또래 아이들에게 아이의 장애를 오픈하는 것은 쉽지 않습니다. 놀이터에서 놀다 보면 또래 아이들이 다가와서 "얘는 왜 말을 못해요?", "얘는 왜 아기 같아요?"라고 물어보기도 합니다. 그럴 때면 마음이 속상하기도 하고 어떻게 말을 전해야 할지 고민이 되기도 합니다. 하지만 아이들은 아직 다름에 대한 거부감이 적기 때문에 정확한 설명이 동반된다면 함께 어울릴 수 있습니다. 아이들의 눈높이에 맞춰 아이가 가진 장애를 설명해주고(예를 들어, "○○이는 아직 자기 생각을 표현하고 말하는 게 어려워. 그런데 열심히 배우고 있으니까 같이 친하게 지내보자."), 비장애 친구들과 다른 점과 같은 점을 설명해 주면 됩니다.

또래 아이들 부모님과 관계 맺기

우리 아이가 또래 아이들과 어울리게 되면 자연스럽게 또래 부모님들과도 관계를 맺게 됩니다. 이러한 관계 형성은 우리 아이의 장애에 대한 편견과 선입견을 줄이는데 도움이 될 수 있습니다.

함께 어울리는 방법 알려주기

또래 아이들과 어울릴 때는 함께 하는 방법을 알려주는 것이 중요합니다. 비장애 아이들은 장애를 가진 우리 아이가 낯설 수도 있고 어떻게 다가가야 할지 모르는 경우가 많이 있습니다. 그럴 땐 부모님들이 먼저 친근하게 다가가 어떻게 놀아주어야 하는지, 어떻게 도와주어야 하는지 등을 알려주면 좋습니다.

함께 놀기

●● 기다려주기

"○○이는 스스로 할 수 있지만 시간이 조금 걸리니 우리가 기다려주자. 그러면 스스로 할 수 있을 거야."

● 설명해주기

"○○이는 놀이터에서 그네를 타는 것을 좋아하고 클레이 놀이를 하는 것을 좋아해. 아직 같이 노는 방법을 잘 모르니 옆에서 같이 있어주면 ○○이도 좋아할 거야."

● 함께 하기

"○○이는 아직 친구랑 함께 하는 즐거움을 잘 몰라서 옆에서 친구가 재촉하면 도망가고 싶을 거야. 그냥 옆에서 친구가 하고 싶은 놀이를 하다 보면 ○○이도 조금 시간이 지나면 함께 하고 싶은 마음이 생길 거야."

● 도와주기

물어보고 도와주기: "○○이는 허락 없이 자기의 물건을 만지거나 하는 것을 좋아하지 않아. 그래서 ○○이의 물건을 만질 때는 꼭 허락을 구하고 만져야 돼. 그리고 도와주고 싶을 때는 도와줄까? 라고 물어보면 ○○이의 마음을 이야기해 줄 거야."

스스로 할 수 있도록 도와주기: "○○이도 할 수 있는 것이 많이 있어. 뭐든 도와주려는 마음은 참 소중하고 예쁘지만, ○○이가 혼자 하도록 도와주자."

도움을 요청할 때 도와주기: "○○이는 도움이 필요할 때, 손을 끌거나 화를 내거나 짜증을 부릴 수 있어. 어떻게 도움을 청해야 할지 잘 몰라서 그러거든. 그럴 때는 '○○아, 뭐 도와줄까?'라고 물어보고 ○○이가 필요한 도움을 준다면 ○○이가 고마워할 거야."

갈등 풀기

● 장애가 있는 아이와도 싸울 수 있다는 것을 알려주기

"○○이도 자기보다 잘하는 친구에게 질투가 나기도 하고 원하는대로 되지 않으면 속상한 마음도 생긴대. 그래도 잘 설명해주면 이해하고 화해할 수 있으니 잘 풀어가자."

● 같은 실수를 여러 번 할 수 있다는 것을 알려주기

"○○이는 실수를 하고 잊어버려서 또 똑같은 실수를 할 수 있어. 그럼 오해하지 말고 다시 한번 설명해 줘. 혼자서 해결이 안 되면 부모님(또는 선생님)께 말씀드려도 괜찮으니 이야기해 줘."

● 장애가 있는 친구는 비장애인 친구의 이야기를 잘 모를 수 있다는 것 알려주기

"○○이는 너무 긴 이야기나 어려운 설명은 이해하기 어려울 때가 있어. 게임도 쉬운 것은 할 수 있지만 조금 어려운 규칙을 이해

하려면 시간이 걸린단다. 잘 이해하지 못하거나 어려워할 때는 이야기를 잘 모르는구나. 라고 생각하고'○○아, 그럼 너는 옆에서 구경하는 게 어때?'라고 이야기해 주면 좋을 거 같아."

교사들에게 아이의 장애 이야기하기

어린이집 또는 유치원 선생님들께도 아이의 장애에 대해 설명해 줄 필요가 있습니다. 특수교사가 배치되지 않은 경우에는 선생님들도 아이를 어떻게 다루어야 할지, 가르쳐줘야 할지 모를 수 있습니다. 그럴 땐 알림장 또는 상담을 통해 아이의 특성에 대해 자세히 설명해 줄 필요가 있습니다.

어린이집, 유치원 적응시키기 노하우

아이가 어린이집, 유치원에 첫 등원을 하게 되면 긴장되고 염려되는 것들이 많이 있습니다. 잘 지낼지, 아이가 엄마와 떨어지지 않으려고 하지는 않을지 여러모로 걱정이 될 텐데요. 그런 우리 아이가 어린이집 또는 유치원에 들어가지 않으려고 울고 떼를 쓰면 부모님들은 더 큰 좌절과 낙심에 빠지게 됩니다.

그럼 이런 상황에서 어떻게 해야 할까요?

1. 적응의 어려움은 당연하다.

아이를 적응시키려고 애를 쓰면 쓸수록 아이는 더욱 거부감이 심해집니다. 또한 부모님의 불안이 아이에게 전해져 아이는 패턴화된 떼쓰기와 분리에 대한 거부를 하게 됩니다. 아이가 보이는 적응의 어려움을 자연스럽게 받아들이십시오.

2. 선생님과 한마음이 되어라.

일단 선생님이 장애 아이에 대한 경험이 있으신 분이라는 전제하에 선생님의 방향성과 앞으로의 계획을 잘 들어보신 후 선생님의 주도하에 아이의 적응에 도움을 주는 역할을 해주셔야 합니다.

3. 불안해하지 말라.

아이들의 첫 등원은 어색하고 불편할 수밖에 없습니다. 그러나 부모가 불안해하면 아이도 이를 느끼기 때문에, 부모님께서는 침착하고 긍정적인 태도를 유지하는 것이 중요합니다. 자연스럽게 상황을 받아들이며, 아이에게 적응할 시간을 충분히 주어야 합니다. 아이에게 학교 생활이 즐겁고 안전하다는 것을 알려주고, 부모님이 항상 곁에서 응원하고 있다는 느낌을 주는 것도 도움이 됩니다.

4. 긍정적인 언어를 사용하라.

등원하기 전 집에서부터 "○○이 힘들어? 가기 싫어? 공부하는

게 어려워?"라며 부정적인 이야기를 하기보다 "오늘은 저번 시간
보다 ○○이가 얼마나 잘할지 기대가 돼."라는 말로 긍정적인 이야
기를 많이 해 주셔야 합니다.

5. 수업을 빠지거나 비일관적으로 행동하지 말라.

아이들은 패턴화되어 있는 삶의 루틴을 중요하게 생각합니다.
언어 표현이 어렵더라도 루틴이 정해져 있고 규칙적으로 하다 보
면 아이가 점점 우는 빈도와 시간도 짧아지고 적응도 잘하게 됩니
다. 그런데 부모님이 힘들고, 지치다 보니 자꾸 빠지고, 비일관적인
패턴을 아이에게 만들어주면 정말 적응에 어려움이 있는 아이가
되어 버립니다.

❷ 학령전기 도전 행동 다루기

도전 행동의 기능

아이의 도전 행동은 그 원인과 부모의 반응에 따라 증가되거나
감소될 수 있습니다. 무조건 도전 행동을 없애려고 하기보다는 도
전 행동을 왜 하는지 그 기능을 알아보고 행동을 수정해 주는 것
이 중요합니다. 모든 행동에는 기능이 있습니다. 아이는 자신의 행

동으로 원하는 것을 표현하는 것일 수 있습니다. 그럼 도전 행동의 기능에는 어떤 것들이 있을까요?

● 타인의 관심을 얻기 위한 행동

부모와 함께 있을 때는 잘 놀다가 밖에 나가면 울거나 떼쓰는 행동

● 하기 싫은 과제를 회피하기 위한 행동

쓰기 공부를 하기 싫어서 문을 열고 밖을 나가는 행동

● 원하는 것을 얻기 위한 행동

원하는 사탕이 있으면 그냥 손으로 낚아채거나 가져가는 행동

● 감각 조절을 위한 행동

반복적으로 입안에 물건을 넣거나 머리카락을 입에 집어넣거나 빙빙 도는 행동

● 심심해서 습관적으로 하는 행동

책상을 두드리거나 발을 쿵쿵거리는 행동

도전 행동의 기능에 따른 중재 방법

도전 행동을 중재할 때는 강압적인 방법을 사용해선 안 됩니다. 아이에게 물리적 힘을 가하거나 아이의 행동을 수정해야 한다는 목표만 앞서서는 안 되는 것이지요. 아이의 삶에 긍정적 영향을 줄 수 있는 환경을 제공해 주는 것을 기초로 삼아야 합니다. 반복적으로 도전 행동에 대해 이해시키고 보다 기능적인 방법으로 아이의 행동을 바꾸어 나가야 합니다.

타인의 관심을 얻기 위한 도전 행동의 경우, 해당 행동이 발생하기 전 아이에게 관심을 보여주는 것이 중요합니다. 아이가 도전 행동을 보일 때 야단치거나 보살펴주기 등으로 강화를 받지 않도록 '잘못된 행동에 대해서는 무시' '올바른 행동에 대해서는 강화'를 분명히 나타내야 합니다. 여기서 주의할 점은 잘못된 행동을 무시당한 아이가 더 관심을 끌기 위해 도전 행동을 키우거나 빈도를 높일 수 있다는 점입니다. 이때 반응해 주면 도전 행동이 더 심각해지므로 아주 위험한 상황이 아닐 경우 아이가 적절한 행동과 부적절한 행동을 분명히 이해할 수 있도록 피드백을 해 주어야 합니다.

바람직한 행동을 했을 때 적극적으로 칭찬 해주면 아이는 바람직한 행동을 통해 관심 받는 것이 훨씬 더 좋다는 것을 알게 됩니다. 말을 할 수 있는 아이라면 간단한 표현을 지도하여 도전 행동 대신 말로 관심을 요청하게 해주는 것도 중요합니다. 아직 말을 하지 못하는 아이에게는 간단한 동작이나 그림 카드를 사용하여 관심을 요청하는 방법을 가르쳐 줍니다.

하기 싫거나 할 줄 모르는 활동을 회피하기 위한 도전 행동을 보인다면, 아이가 어떤 것이 하기 싫은지, 어떤 것이 하고 싶은지 자기 의사를 적절하게 표현할 수 있도록 가르쳐 주어야 합니다. 또한 휴식이 필요하거나 도움이 필요할 때 기능적 의사소통 기술을 지도하여 "도와주세요." 또는 "쉬고 싶어요." 등의 표현이나 그림 카드 또는 보완대체 의사소통(AAC)을 사용하도록 지도해 줍니다.

어렵고 힘든 과제를 줄 때 선택할 기회를 제공하면 스스로 선택한 과제이기에 회피 행동이 줄어듭니다. 오랫동안 앉아서 하는 활동을 강요하기보다는 아이가 즐길 수 있는 움직이는 활동이나 놀이를 제공하여 주의집중 할 수 있도록 유도합니다. 그리고 과제의 난이도 등을 조정하여 어려운 것과 쉬운 것을 번갈아 제시하여 과제 회피로 인한 도전 행동이 나타나지 않도록 도와줍니다.

구체적인 사물을 얻기 위한 도전 행동을 보이거나 어떤 활동에 집착이 있을 경우 타이머나 알람을 이용해 다음 활동을 예고합니다. 일관적으로 활동의 종료를 예고해 주시고(예를 들어, "이제 알람이 울리면 그만할 거야."라고 미리 이야기를 줍니다.), 다음 활동으로 연계하면 도전 행동을 예방할 수 있습니다.

활동(할 일)을 시간 순서대로 사진을 찍어 시각적 일정표를 제작하여 다음 활동을 예측하도록 합니다. 규칙을 만들어 타이머 소리가 나면 스스로 장난감을 정리하거나 다음 친구에게 넘겨주도록 지도합니다. 갖고 싶은 물건이 있다면 그림을 그려놓고 포인팅을 하여(손가락으로 가리켜서) 표현할 수 있도록 합니다. 바람직한 행동으로 의사를 표현할 때 강화를 해 줍니다.

감각 조절을 위해서도 도전 행동을 보일 수 있습니다. 특정 감각이 너무 싫어서 피하기 위해 또는 특정 감각을 더 누리고 싶어서 하는 도전 행동은 어느 정도 선천적인 면도 있으므로 이 문제는 무조건 억제한다고 해서 해결되진 않습니다. 사람이 많은 곳을 싫어하고 소리에 민감한 아이가 여러 시간을 사람들이 둘러싸인 곳에 있어야 한다면 조용한 장소를 마련해 주어 짧게나마 진정할 수 있는 시간을 만들어줍니다.

감각자극을 끊임없이 하는 아이가 기다려야 하는 상황이라면 손과 발을 이용해 가벼운 체조 동작을 하거나 얼굴 근육을 움직이는 놀이 등을 함께 해주면서 무료하게 느낄 수 있는 시간을 최소화 시켜줍니다. 소리에 민감한 아이, 특정 질감, 숫자에 집착하는 아이는 자극추구에 집중하느라 청각적, 시각적 주의집중이 떨어져 다른 과제를 수행하는 데 어려움이 있을 수 있습니다. 따라서 아이의 감각적 특성에 맞는 환경을 구성해 주어야 합니다.

무료함으로 인해 습관적으로 일어나는 도전 행동도 있습니다. 아이들은 좋아하는 일에 열중하는 동안 절대 도전 행동을 하지 않습니다. 따라서 아이가 좋아하는 활동을 제공하는 것이 필요합니다. 아이가 무료함을 느끼는 시간이 언제이며 무엇인가 하고 있지만 의미 없게 흘러가는 시간이 언제인지 체크해 보고 그 시간에 의미 있는 활동을 하도록 합니다. 다양한 경험을 노출 시켜 아이가 좋아하는 활동이나 의외로 잘하는 활동이 무엇인지 파악하여 아이에게 제공하는 것이 중요합니다.

3

언어 촉진 방법

1 말을 하지 않는 우리 아이 언어 촉진 방법

말을 하지 않는 우리 아이들을 흔히 무발화(Nonverbal) 아이라고 합니다. 구어를 산출하거나 사용하지 못하는 경우를 말하는데 발성 구조나 기능의 결함으로 발화를 산출하지 못하는 경우도 있고, 의사소통의 의도가 없어서 발화를 산출하지 않는 경우도 있습니다. 또한 인지기능의 결함으로 인해 구어 체계를 습득하지 못하여 구어를 산출하지 못하기도 합니다.

이러한 우리 아이들이 연구소에 처음 내원하였을 때 보면 아예 말을 하지 않거나 표현언어 수준이 한 낱말 수준인 경우도 있지만 수용 언어도 20개월 미만 수준으로 동반되는 경우가 많이 나타납니다. 그래서 지시 수행과 신체 부위 위치에 대한 이해, 실제 사물에 대한 인지도 어려운 경우가 많습니다.

특히 부모님들은 아이들에게 지속적으로 다양한 치료를 제공했지만 더딘 진전으로 인해 많이 좌절하고 낙심하신 마음으로 연구소를 방문하십니다. 헬스장에서 운동을 하면 조금만 운동을 해도 금방 효과가 나타나는 사람이 있는 반면, 매일 운동을 하면서 단련을 해야 하는 사람도 있습니다. 이렇듯 우리 아이들은 매일 꾸준한 언어 운동이 필요한 아이들입니다. 꾸준함과 성실함으로 교육하다 보면 많은 발전과 성장이 있을 것입니다.

연구소에서 아이들을 치료하면서 의미 없는 발성에서 의미 있는 발성으로, 한 낱말 수준에서 두 낱말 수준으로, 의도가 없다가 점차 의사소통 의도를 가지고 표현하는 모습을 지켜볼 수 있습니다. 부모님들의 걱정보다 우리 아이들은 더 많은 가능성과 잠재 능력을 가지고 있음을 말씀드리고 싶습니다. 집에서 함께 나눌 수 있는 활동들을 나누어보겠습니다.

뒷장의 활동을 해 봐도 아이에게 많은 성장이 느껴지지 않고, 답답함을 느끼실 경우에는 가까운 센터나 병원에서 적절한 진단과 평가를 받아보시고, 전문가와 함께 아이의 언어 목표를 세우고 가정에서 연계하는 방법을 조언받으시길 추천해 드립니다.

지시 수행

▶ 호명에 반응하기 (ex. 김철수→ 네!), 인사(ex. 안녕하세요),
  손들어, 손뼉 쳐

▶ 신체 부위 인지
  눈, 코, 입, 귀, 머리, 어깨, 턱, 이마, 눈썹

▶ 단모음 모방 연습
  아, 어, 오, 우, 으, 이, 에, 음

▶ 모음 위치 이동 연습
  아오, 오이, 이에, 에우, 우어, 어음

신체 모방

▶ 주세요. (양 손 모으기), 네 (한 손 들기), 안녕하세요 (인사)

▶ 의사소통 기능
  대답하기, 거부하기, 사물 요구하기, 행동 요구하기

② 아이의 어휘를 확장해 주는 방법

아이들이 점차 표현을 하면 새로운 걱정이 생기게 됩니다. '우리 아이는 아직 물, 엄마, 아빠밖에 표현을 안 하는데…', '우리 아이는 또래에 비해 좋아하는 관심사가 너무 제한적이라 표현이 한정적인데.', '그럼 얼마나 많은 어휘를 알고 말해야 하는 거지?', '우리 아이는 다양하게 말하고 있는 것이 맞나?' 이러한 다양한 걱정과 염려를 하는 분들이 많으실 것 같습니다.

연구에 따르면, 18개월 아이들은 의성어, 장난감, 음식, 일상생활, 호칭과 관련된 어휘, 24개월 아이들은 10개 이상의 동사를 표현합니다. 30개월 이상이 되면 비교적 일상생활의 동사와 형용사 표현이 많이 나타나고 36개월 이상이 되면 조사와 연결하는 말을 표현합니다. 이러한 연구를 통해 우리 아이가 다양한 어휘를 이해하고 말하고 있는지, 동사와 형용사, 형태소를 이해하고 표현하고 있는지를 알 수 있습니다.

그럼 우리 아이의 어휘를 어떻게 늘려주면 좋을까요? 방법은 다양한 범주로 어휘를 촉진해 주는 것입니다. 우리 아이들은 어휘를 익힐 때, 제한된 범주로 익히는 경우가 많이 있습니다. 다양한 촉진 방법 중 하나는 아이와 자연스러운 놀이 상황과 일상생활에서 촉진해 주는 방법입니다.

아이와 함께 물건 찾기 놀이를 하면서 "○○아, 엄마가 말하는 것 찾아보자." "어디 있나? 여기!" 하면서 엄마가 찾고, 다음은 아이가 찾으며 게임 형식으로 일상생활 물건 찾기 놀이를 합니다. 또한 놀이를 통해 일상생활, 유치원 생활, 동물원 놀이, 병원 놀이, 놀이터 놀이, 소꿉놀이에서 사용되는 장난감 사물들의 명칭을 말해줍니다. "거실에 소파가 있네, 유치원에 의자가 있네." "이건 의자야, 의자."와 같이 사물의 명칭을 놀이 안에서 들려줍니다.

또는 그림 카드나 사진, 책을 활용할 수 있습니다. 그림 카드를 빠르게, 느리게 음을 넣어 보여주고, 고르기 놀이를 합니다. 책을 활용해서 책 속에 나오는 다양한 사물을 고르고 표현하는 놀이도 합니다. 직접 찍은 사진 속에서 경험한 어휘들을 가지고 이야기 나누기도 합니다.

❸ 구문을 확장해 주는 방법

아이들이 말을 하지 않다가 한 낱말로 말을 할 때 부모님들은 말할 수 없는 기쁨과 환희를 느낍니다. 예를 들어, 수없이 들려주었던 엄마 혹은 아빠를 표현하거나, 원하는 물, 까까, 맘마(밥)를 자발적으로 표현할 때 말이죠. 하지만 그 기쁨도 잠시, 더 이상의 확장이 이루어지지 않는 것을 느끼게 됩니다. 이때 부모님들은 '왜 우리 아이는 아직도 한 낱말 수준에 머물러 있을까?', '조금 지나면, 자신감이 생기면 길게 이야기하지 않을까?', 이러한 생각과 함께 염려와 걱정을 하게 됩니다.

첫 낱말에서 두 낱말 조합을 유도하고자 할 때 초기 의미 관계를 표현하도록 유도해야 합니다. 의미관계란 단어들 사이에 의미가 서로 밀접하게 관련 있는 경우를 말합니다. 조명한(1982) 연구에 나타난 고빈도 2~3낱말의 의미 관계를 살펴보면 아래와 같습니다.

행위자 — 장소	(엄마 의자)		도구 — 행위	(가위 잘라)
행위자 — 목적	(은주 까까)		목적 — 행위	(까까 줘)
행위자 — 행위	(아기 울어)		실체 — 수식	(아기 예뻐)
장소 — 행위	(거기 앉아)		수혜자 — 행위	(나 줘)
실체 — 서술	(이거 구두)		소유자 — 소유	(할머니 집)
공존자 — 행위	(엄마도 가)			

그럼 이러한 의미 관계를 어떻게 촉진해 줄 수 있을까요? 바로 '확장'입니다. 어떻게 확장을 해 주면 좋은지 예를 들어볼까요?

아이가 놀이 안에서 인형에게 숟가락을 이용하여 음식을 먹이고 있습니다. 아이가 "먹어"라고 표현을 한다면, 부모님은 "응 아기 먹어"라고 반응해 줍니다. 또한 자동차 놀이를 하면서 자동차끼리 충돌시킵니다. 아이가 "쾅"이라고 표현을 한다면, 부모님은 "자동차 쾅"이라고 반응해 줍니다.

이러한 반응을 통해 아이가 모방을 한다면 칭찬해 주며 두 낱말 표현을 다시 모방하여 들려줍니다. 그러나, 아이가 모방을 하지 않는다고 해서 모방을 요구하지 않습니다. 편안하게 놀이 안에서 들려주는 것만으로도 충분합니다.

또 다른 방법으로는 책을 통해서도 확장을 시켜줄 수 있습니다. 아이와 책을 보며, "강아지"라고 표현을 했다면, 부모님은 "강아지 어딨지?"라며 질문합니다. 아이가 "침대"라고 대답을 했다면, 부모님은 "강아지 침대 있네" 확장해 줍니다. 이 방법 역시 아이가 모방을 한다면 칭찬해 주지만 모방을 하지 않는다고 해서 요구하지 않습니다. 아이에게 편안하게 언어 자극을 제시해 주며 구문을 확장해 주면 충분합니다.

④ 언어 촉진을 위한 생활 속 방법

36개월이 지났는데 언어 표현이 없고, 제스처나 행동, 울음으로 자신의 의사를 표현하는 아이들이 있지 않나요? 아직 어려서 그렇지 다 때가 되면 하겠지. 라며 그냥 바라만 보고 계시는 건 아닌가요?

아이가 이해는 다 하는 거 같은데 표현이 안 나오는 우리 아이들을 위해서 집에서 부모님들이 하실 수 있는 아이와 함께 만들어가는 생활 습관을 알려드리려고 합니다.

1. 결핍된 상황 제공하기

요즘에는 아이를 한 명 혹은 두 명만 낳는 경우가 많습니다. 금쪽 상담소에서 오은영 박사님께서 '대량 제공 육아'라는 이야기를 하셨습니다. 이는 아이들이 본인이 원하는 것을 요구하기도 전에 해결이 되니 원하는 것을 표현할 필요를 느끼지 못하는 것입니다. 아이에게 결핍된 상황을 제공하고 아이가 원하는 것을 언어로 표현할 수 있도록 도와줍니다.

▶ 과자를 줄 때 소량만 제공한다. (더 먹고 싶을 때 요구)
▶ 원할 때 표현할 수 있도록 좋아하는 장난감을 아이의 손이 닿지 않는 곳에 둔다.

2. 아이에게 가장 좋은 청자 되기

아이의 언어가 늦어지면 부모님들은 조급함을 느끼고 아이에게 언어를 강요하거나 마치 학습하듯이 가르치려 합니다. 물론 학습적으로 습득해야 할 부분도 있지만, 언어는 소통의 수단이므로 자연스럽고 편안하며 즐겁게 배울 수 있도록 지도하는 것이 필요합니다. 아이의 표현에 의미를 부여하고, 부모님이 잘 듣고 있다는 피드백을 반복적으로 제공하는 것이 중요합니다. 아이가 말할 때 충분한 시간을 주어야 하며, 말을 끝까지 듣고 반응해 주는 것이 좋습니다. 부모님이 아이의 말에 진심으로 관심을 가지고 있다는 것을 느끼게 해주면, 아이는 자신감을 얻고 더 많이 표현하려고 노력할 것입니다.

- ▶ "삐뽀또" → "삐뽀 자동차 줘?"
- ▶ "아아머오이뻐" → "까까 먹고 싶어?"

3. 질문보다 대신 모델링 해주기

부모님들은 아이들의 언어를 촉진해 주기 위해서 쉴 새 없이 질문을 합니다. "○○아 이거 뭐야? 이거 뭐지?", "이 사람 누구야? 왜 그래?"와 같이 말입니다. 그러나 반복적인 질문은 아이가 테스트를 받는다고 생각을 하게 만듭니다. 결국 위축되고 긴장이 되어서 표현에 소극적인 아이로 자랄 수 있습니다. 그러므로 아이들에게는 질문 대신에 많이 들려주고 모델링을 해주는 것이 중요합니다.

> ▶ "○○아 이거 뭐야?" → "○○아 과일이 있네. 이거는 사과, 바
> 나나, 딸기"
> ▶ "○○아 누구야?" → "○○아 아빠, 엄마, ○○이, 누나, 아빠 어
> 딨는지 함께 찾아볼까?"

4. 칭찬해 주기

아이가 어른처럼 완벽하게 표현하지 못하는 것은 당연하고 자
연스러운 부분입니다. 아이의 틀린 표현이나 이야기를 고치려고
하거나 나무라지 마시고 칭찬을 해줍니다. 만약 "엄마 동생이가 아
야 해떠"라고 했을 때, "엄마 동생이 아팠어요! 라고 해야지!" 라고
나무라지 마시고 "○○아 동생이 다쳤어? 엄마한테 이야기해 줘서
고마워."라고 해주는 겁니다.

5. 밝고 긍정적인 말투와 미소

아이는 부모님의 눈과 표정, 말투를 통해서 본인이 잘하고 있는
지 피드백을 합니다. 아이를 바라보며 밝고 긍정적인 표정과 말투
로 아이와 소통을 하려고 하면 아이도 부모님과의 대화를 더욱 즐
거워하며 표현도 더 많이 하려고 노력할 것입니다. 아이가 "엄마
오늘 유치원에서 비행기 만들었어!" 하고 자랑할 때는 어떻게 반

응하면 좋을까요? "어머! 우리 ○○이가 멋진 비행기를 만들었구나. 비행기 만들어서 뭐 하고 놀았을까?"라고 이야기하며 아이와 이야기 나누고 싶은 마음을 표정과 말투로 표현합니다.

⑤ 언어 촉진 놀이 추천

부모님들이 상담 오셔서 많이 하는 말씀이 "아이와 놀아주고 싶은데 무슨 놀이를 해야 할지 모르겠어요."라는 말씀을 많이 하십니다. 개월 수에 따라 아이들에게 촉진해 줄 수 있는 놀이와 언어 자극들을 알려드리겠습니다.

시기	놀이	언어자극
13~14개월	산책, 거울 놀이, 까꿍 놀이, 신체 놀이(온몸 흔들기, 말 태우기 등)	까꿍 놀이: 있다, 없다 신체놀이: 신체 부위
15~18개월	온몸 놀이, 입 모양 따라 하기, 책 읽기, 숨바꼭질, 블록쌓기, 걷기	숨바꼭질: 뒤에, 안에, 위에 책 읽기: 책에 제시된 낱말
19~21개월	균형 놀이(징검다리 건너기), 신체 부위 찾기(눈, 코, 입), 그림 그리기, 수 세기 놀이, 구르기	신체 부위: 눈, 코, 입, 귀 수 세기: 1~10 구르기: 데굴데굴, 굴러

22~24개월	색깔 찾기, 그림책 보기 심부름 놀이, 외출 소리 주인 찾기(모래, 단추, 돌 등 흔들기)	색깔: 빨주노초파남보 심부름: 제시한 사물 어휘
25~27개월	다양한 소리 듣기(높낮이, 크기 다른 소리), 춤추기, 숫자 도형 맞추기, 찰흙 놀이	다양한 소리: 크다, 작다, 높다, 낮다 찰흙 놀이: 빼, 줘, 굴려, 돌려
28~30개월	말타기, 역할놀이(소꿉놀이, 의사놀이)	역할놀이: 역할에 따른 어휘, 구문 촉진
31~33개월	모래 놀이, 손바닥에 글자 쓰기, 신체 이름 알기 (모든 신체 부위), 퍼즐 맞추기	신체이름: 머리, 어깨, 눈썹, 이마, 턱, 목
34~36개월	인형 놀이, 도미노 세우기 크기와 색깔 비교하며 색깔 감각 익히기	크기 색깔 비교: 크다, 작다, 많다, 적다

❻ 언어 촉진 장난감 추천

요즘 물가도 많이 오르고 아이들 장난감 사주기에도 부담되는 때입니다. 그래도 이왕 사줄 거 아이들에게 도움이 되는 것을 사주고 싶은 마음이 있으시죠. 아이가 좋아하는 장난감을 활용해 언어를 촉진해 줄 수 있는 방법을 알려드리겠습니다.

놀이	촉진 언어
자동차 놀이 장난감	구급차, 경찰차, 소방차, 불도저 뽀로로 구급차 타 크롱 경찰차 타 에디 불도저 타 루피 소방차 타 패티 지프차 타
과일, 소꿉놀이 장난감	바나나, 귤, 포도, 수박, 사과, 파인애플, 배추, 옥수수, 레몬, 마늘, ○○(과일이름) 칼로 잘라 ○○(과일이름) 엄마 먹어 마늘 매워 귤 맛있다
주방놀이 장난감	냄비, 후라이팬, 접시, 컵, 숟가락, 포크, 칼, 수세미, 세제, 싱크대, 물 냄비 물로 씻어 후라이팬 물로 씻어 물 틀어, 물 잠궈 ○○(호칭) 설거지 해 수세미에 세제 묻혀 냄비 깨끗해, 후라이팬 깨끗해 접시 더러워, 컵 더러워
병원놀이 장난감	주사기, 청진기, 약, 안경, 체온계, 반사경, 밴드, 아기(엄마, 아빠) 배(머리, 귀) 아파 엄마 주사 맞아, 아빠 진찰 해 아기 약 먹어, 아기 체온 재 엄마 열 나요

아기 돌보기 놀이 장난감	아기, 눈, 코, 입, 귀, 손, 머리, 발, 다리, 어깨, 턱, 이마, 눈썹 아기 우유 먹어, 아기 잠 자 아기 일어나, 아기 옷 입어 아기 신발 신어, 아기 옷 벗어 아기 눈, 내 눈 똑같다 아기 코, 엄마 코 똑같다 아기 귀, 아빠 귀 똑같다
동물 피규어	기린, 사자, 곰, 호랑이, 코뿔소, 사슴 ○○(동물)이 통 안(밖)에 있어 코뿔소가 천천히 걸어 가 사슴이 빨리 뛰어 가 기린 안에 넣어 곰 밖으로 빼

비장애 형제자매 양육하기

장애아를 키우다 보면 가족들이 장애 아이에게 모든 시선과 일정이 맞추어져 있다 보니 비장애 형제, 자매들은 자연스레 스스로 알아서 하거나 늘 배려와 양보를 하게 됩니다. 어쩔 수 없는 문제라고 여기기엔 너무 안타깝고 미안한 마음이 들어서 부모님들이 고민하는 경우가 많습니다.

그럼, 비장애 형제자매들은 어떤 어려움을 가지고 있을까요?

첫째로는 애착 관계 형성에 어려움이 있습니다. 부모님이 늘 장애 아이의 치료와 교육에 몰두하다 보니 비장애 형제자매들은 스스로 해야 하는 경우가 많고 부모의 관심에서 멀어지는 경우가 있습니다. 그러다 보니 외로움을 느끼나 그 외로움을 표현하기에는 가족들이 모두 바쁘고 힘들어하는 것 같아서 그 마음을 혼자서 담아두고 살아갑니다.

둘째로는 심리적인 어려움이 있습니다. 장애 형제자매가 있기 때문에 내가 늘 손해 보고 피해를 보는 듯한 생각 때문에 우울, 분노의 감정이 지속되기도 하며, 오히려 나이에 걸맞지 않게 어른스러운 모습 또한 보이기도 합니다.

셋째로는 장애 형제자매에 대한 부정적 인식이 있습니다. 친구에게 장애 형제자매를 알리는 것을 싫어하고 함께 있는 것을 부담스러워하거나 바깥으로 외식을 하고, 여행을 가는 것조차 힘들어하는 경우도 있습니다.

어떻게 도와야 할까요?

먼저, 이해하고 공감해 주어야 합니다.
부정적인 인식이 생길 수도 있고, 심리적인 어려움을 가질 수 있다는 것에 충분히 공감해 주어야 합니다. 장애 형제자매에 대해 느끼는 불편한 감정에 스스로 죄책감을 가지는 경우도 있고, 부모님에게 실망을 주는 것은 아닐까 염려하는 경우도 많습니다. 따라서 자녀의 이야기를 경청하고 격려해 주어야 합니다.

감정을 표현할 수 있게 도와주어야 합니다.

자신이 느끼는 감정에 대해서 표현할 수 있도록 해주어야 합니다. 아이들은 생각보다 일찍 자신의 상황에 대해서 인지를 하고 또 스스로 고민하는 시간도 가집니다. 왜 우리 형제자매는 다른 사람들과 다른지에 대해서도 생각하게 됩니다. 자신의 감정을 부모님에게 솔직하게 이야기할 수 있도록 정서적으로 좋은 관계가 되어야 부모와의 대화를 통해서 장애 형제, 자매를 이해하고 수용하는 것이 자연스럽게 이루어질 수 있습니다.

이 아이들도 그저 아이일 뿐이고, 어떻게 보면 더 많은 사랑이 필요한 아이들입니다. 아이의 이야기에 귀 기울여 주시고 아이가 가지는 감정들이 그저 작고 어린 아이의 감정이 아닌 나도 우리 가족의 구성원으로 장애 아이를 받아들이기까지 힘들었지만 지금은 누구보다도 소중한 우리 가족이 되었다는 장애 아이를 가진 부모로써, 선배로써 이야기를 나누면 아이도 훨씬 건강한 몸과 마음으로 자랄 수 있을 거라는 생각이 듭니다.

HELLEN's Letter

#6 폭풍우가 몰아칠 때

장애 아이를 키우면 괴로운 마음도 들고, 그 괴로움이 눈덩이만큼 커질 때면 때론 피하고 싶은 마음이 들게 됩니다. 하지만 이 상황을 피하지 않고 마주하게 되면 생각보다 심각한 상황이 아니라는 것을 깨닫게 됩니다. 그리고 그 시간을 통해 많은 성장을 경험하게 됩니다.

내가 원해서 마주한 현실이 아니기에 억울한 감정, 슬픈 감정, 두려운 감정이 거대한 파도처럼 다가옵니다. 피하고 싶어서 열심히 앞을 향해 뛰어가지만 우리는 그 파도를 피할 수 없습니다. 그럼 우리는 어떻게 해야 할까요? 그 파도를 타야 합니다. 이런 상황에서 서핑을 즐기는 것은 보통 어려운 일이 아닙니다. 하지만 파도를 피하기보다 서핑을 즐기면 더 이상 두려움으로만 다가오지 않고, 유연하게 대처할 수 있을 것입니다.

엉켜 있는 실을 조급하게 풀려고 하면 더 꼬이기 마련입니다. 우리 삶의 현실 또한 마찬가지입니다. 조급해하지 말고 하나하나 실타래를 풀어가면 그 과정 속에서 문제가 하나씩 해결되고, 내가, 우리 가정이 성장하고 있음을 느낄 수 있을 것입니다.

폭풍우 속에 머무는 시간은 지나가고 분명히 맑게 갠 곳이 있습니다.

#7 현재에 온전히 집중하기

우리는 앞으로의 삶을 정확히 예측할 수 없습니다. 그리고 일어날 모든 일을 통제할 수 없습니다. 우리는 아직 일어나지도 않은 일들을 염려하고 걱정하느라 너무 많은 시간을 낭비합니다. 그러다가 현재 하고 있는 일에서의 능력도 제대로 발휘하지 못하게 됩니다. 우리는 그런 시간들로 인해서 삶 자체를 도둑맞고 있습니다.

현재에 온전히 집중하시길 바랍니다.
"아이가 장애인데 우리 아이는 앞으로 뭘 해 먹고 사나?"
"이 장애 아이가 나 죽으면 혼자서 어떻게 지내나?"와 같은 생각보다는

"오늘은 이 아이와 어떻게 즐겁게 시간을 보낼까?"
"오늘은 또 이 아이의 성장에 어떤 도움을 줄까?"라는 생각으로

현재에 온전히 집중하는 하루 되시길 바랍니다.
현재에 몰입하다 보면 미래는 점점 더 좋아질 수밖에 없습니다.

#8 당신은 분명 해낼 수 있다!

살아오면서 겪었던 모든 역경,
모든 문제와 장애물은 나를 강하게 만들었다.
당시에는 깨닫지 못할 수도 있지만
당신이 겪은 최악의 수모가 최고의 선물이 될지도 모른다.

– 월트 디즈니

당신은 분명히 해낼 수 있습니다.
결코 해결되지 않을 것 같은 문제가 닥쳐도 당신은 해낼 수 있습니다.
절망밖에 느껴지지 않는 현실 속에서도 감사함을 찾을 수 있고, 한 줄기
의 빛을 찾아낼 수 있는 그런 멋진 사람입니다. 누가 뭐라고 해도 웃음을
잃지 않을 것이며, 어떤 상황에서도 기쁨을 선택할 수 있습니다.

당신에게 벌어진 이 모든 문제를 잘 이겨낼 것이라고 우리는 믿습니다.
누가 뭐라고 해도 당신은 역경 속에서 살아남을 수 있을 뿐 아니라 번성
할 수 있는 사람입니다.
그리고 모든 것을 다시 시작할 수 있는 충분히 멋진 사람입니다.

상황이 어려워질 때마다 이 말을 기억하십시오.

별빛에 감사하는 자에게 달빛을 주시고
달빛에 감사하는 자에게 햇빛을 주시고
햇빛에 감사하는 자에게 영원히 지지 않는
감사와 축복의 빛을 주신다.

#9 가장 중요한 일로 아침을 여세요.

오늘은 나에게 최고의 날이다.
나에게 좋은 일이 계속 찾아오고 있다.
나는 어제보다 나은 오늘을 살아낼 것이다.
내 아이는 좋아지고 있다.
내 아이는 성장하고 있다.
이 아이의 장애는 점점 좋아지고 있고
이 아이를 통해 기적은 일어나고 있다.

가장 중요한 일을 아침에 하세요. 가장 중요한 일이 뭘까요?

긍정 확언, 명상, 기도, 감사.
따뜻한 물 한잔 마시기.
산책, 좋은 책 읽기.
공부하기, 글쓰기.
아이에 대한 목표 점검하기.
운동하기.
사랑하는 사람과 의미 있는 대화.
아이의 오늘 하루의 계획 짜기.

중요한 일을 먼저 시작하면 생산적인 하루를 보냈다는 느낌을 가지게 됩니다.
중요한 일에 대한 막연한 두려움도 사라집니다.
맑고 좋은 정신으로 나의 중요한 일을 바라볼 수 있는 안목이 생깁니다.
아침을 깨우세요. 내가 성장하고 아이가 성장하고 더불어 우리 가정이 성장합니다.

#10 실패를 삶으로 초대하세요.

상담을 하다 보면 부모님들 중 장애 아이를 낳을 줄 알고 낳은 분은 거의 없습니다. 장애 아이를 낳았다는 것은 삶에서 가장 두려웠던 일이 현실이 된 것입니다. 그것은 힘들고 마주하기 싫은 현실일 수 있습니다.

하지만 삶에 실패가 없다면 우리는 성장할 수 없습니다.
삶의 근육을 키우려면 무거운 무게를 들고 또 들어야 합니다.
서울에서 부산까지 가는 길에 터널이 하나도 없다고 상상해 보세요.
그런 길은 우리에게 도전이 아니라 지루함일 뿐입니다.
실패는 삶의 흔적이며, 내가 살아가고 있다는 증거이자, 내가 성장하고 있다는 증거입니다.
이 아이와 함께하는 삶에서 많은 실패를 겪을 수도 있지만, 그것은 괜찮은 일입니다.
왜냐하면 내가 무엇을 해낼 수 있는 사람이고, 내가 괜찮은 사람이 되어가고 있다는 증거이기 때문이지요.

모든 것이 괜찮습니다. 삶의 문제는 지금 내 앞을 잘 지나가고 있는 중입니다. 그러니 실패를 밀어내지 말고 삶으로 초대하세요.

chapter 3

아이가 벌써
학교에 갑니다

1

학교 선택하기

유아 교육 기관을 졸업한 아이들에게 다가오는 가장 큰 기다림은 초등학교에 입학하는 일입니다. 이 시기가 되면 여러 가지 고민을 하게 됩니다. 특수학교를 가는 것이 맞을지, 대안학교에 가는 것이 맞을지, 아니면 일반 학교에 가는 것이 맞을지…. 유예를 해야 할지, 그냥 원래 학년으로 학교를 입학시켜야 할지까지도 생각하게 됩니다. 선택지가 많을수록 고민은 더 깊어집니다. 이러한 여러 선택지에서 어떤 결정이 현명한 결정인지, 아이를 위한 최선의 방향인지 수도 없이 되묻고 점검하게 됩니다.

학교 선택을 위해서 어떤 부분들을 고려해야 할까요? 먼저, 학교가 집에서 가까워야 합니다. 학교에서 다양한 문제(소변 실수, 친구들과 다툼, 학교 안에서의 갈등)들이 생길 수 있습니다. 그럴 때 아이를 보호하고 도움을 줄 수 있으려면 가까운 곳이 좋습니다.

또 아이의 수준을 고려해야 합니다. 아이가 중증 장애 아동인데 완전 통합된 일반 학교 환경에서 수업을 받게 된다면 아이는 많이 힘들 것입니다. 집중시간도 짧고, 수업 이해도 낮은데 완전 통합 환경에서 친구들과 어울리고 잘 지낼 수 있기를 바란다면 부모님에게도 아이에게도 상처가 될 수 있습니다. 그리고 경증 장애 아동인데 중증 아이들과 지내도록 한다면 자기 수준과 다른 수준에서 오는 스트레스와 무료함을 느낄 수 있습니다.

학교에서 모든 것을 다 신경 써 주기를 바라는 것은 욕심일 수 있습니다. 학교라는 곳은 다양한 친구들, 사람들과 관계를 맺고 생활하는 곳인데 우리 아이가 장애 아이라는 이유로 일대일 도움받기를 원한다면 실망할 수 있는 부분들이 많이 있습니다. 그러므로 학교에서는 배운 것을 실천하고 다양한 시행착오를 겪으며 성장하는 곳으로 생각하면 좋을 것 같습니다.

장애 아이들을 도와주는 프로그램(도움반)이 잘 이루어져 있는지 고려해야 합니다. 아이가 경증이든 중증이든 학교에 있다 보면 분명히 실수나 문제 상황이 생기게 되는데 아이가 보호받을 수 있는 곳이 학교에서는 도움반 프로그램입니다. 어떤 상황에서도 아이가 학교에서 보호받을 수 있는 도움반 프로그램이 잘 갖추어져 있는지 확인해 보는 것이 좋습니다.

학교를 선택할 때, 우리 아이에게 딱 맞는 완벽한 곳은 없습니다. 하지만 부모님들이 고민하고 생각한 선택을 믿고, 그곳에서 만날 친구들과 선생님을 신뢰하며 감사하는 마음으로 한 걸음씩 걸어간다면 아이도 부모님도 만족하실 수 있고, 또한 그 선택에 책임지는 하루하루를 보내실 수 있을 것입니다.

② 입학 전에 해야 할 일

입학 전에 해야 할 일

① 학교 적응을 위한 힌트

학교생활에 성공적으로 적응하려면 어떻게 해야 할까요? 성공적인 학교 적응이란 어떤 것일까요? 적응에는 거창한 기준을 잡을 필요가 없습니다. '아이들이 학교를 행복하게 다니고 성장하는 것 자체'가 성공적인 학교 적응을 보여준다고 생각합니다.

부모님들이 선택하고 보내는 학교의 특성마다 장점이 있습니다. 또한 선생님들도 아이를 좋은 방향으로 이끌어주시려고 노력하신 다면 아이들은 행복하게 학교생활을 할 수 있습니다. 우리 아이에게 맞는 학교를 잘 알아봐야 합니다. 그러려면 일단 우리 아이의 수준에 대해서 분명히 알고 있어야겠지요?

일반 학교는 특성상 도움반에서만 지내는 경우, 도움반과 통합반을 같이 지내는 경우, 도움반 없이 통합반에서만 지내는 경우가 있습니다. 여기서 도움반은 장애 아이를 도와주는 프로그램이며 통합반은 장애 아동이 일반 학급에서 수업을 받는 프로그램을 말합니다.

도움반에서만 지내는 아이들은 일반학급 친구들과 어울리기는 어렵지만, 소수 학생으로 구성되어 개별화된 학습이 가능하고, 비슷한 상황의 친구들과 어울리며 즐겁게 지낼 수 있습니다.

아이가 학교의 커리큘럼을 따라갈 수 있는 인지 및 학습 능력을 갖추었다면, 통합반 수업을 통해 또래와 관계를 형성하고 사회적 규칙을 익히며 학업을 이어갈 수 있습니다. 하지만 통합반에서만 수업을 받는 경우, 어려움에 직면할 수 있습니다. 다수의 학생을 대상으로 하는 수업 환경에서는 개별 학생의 특별한 요구나 행동 문제에 충분히 대응하기 어려울 수 있기 때문입니다. 따라서 아이의 특성과 수업 상황을 고려하여 도움반과 통합반을 적절히 병행하는 유연한 접근이 바람직합니다. 이를 통해 아이의 개별적 요구를 충족시키면서도 통합 교육의 이점을 살릴 수 있을 것입니다.

도움반이 없는 학교에 진학을 앞두고 있다면 아이가 수업 시간 적응이 어려울 때 도움을 받을 수 있는 부분들을 입학 전 상담을 통해 전달받아 미리 준비해 두신 후 입학시키시길 바랍니다.

특수학교는 1지망, 2지망, 3지망 학교를 써서 자리가 있는 곳으로 진학이 가능한데 특수학교의 분위기, 아이들의 인원, 장애 정도, 우리 아이와 비슷한 특성을 가진 친구들이 모인 곳인지를 확인해 보시고 선생님과 충분한 상담 후에 결정을 하시는 게 좋습니다.

② 특별한 아이의 입학 준비

학교 입학을 앞두고 있을 때는 무엇을 준비해 두면 좋을까요? 첫째로는 다닐 학교 주변을 주말에 다니면서 익숙한 공간이 될 수 있도록 연습시킵니다. 아이들은 새로운 공간에 대한 거부감과 익숙하지 않은 환경에 대한 적응이 어려워서 입학 후 3~4개월 정도는 도전 행동을 자주 보입니다. 바닥에 침을 계속 뱉는 아이도 있고, 혼자 허락도 없이 밖에 나가거나, 휴지를 계속 뜯거나 책상에 있는 물건을 떨어뜨리며 감각을 추구하는 아이도 있습니다. 이 모든 행동은 아이들이 적응하는 데 어려움을 보여서 나타나는 행동들이니 그럴 때는 선생님과 상의 후 도움반에서 수업을 받을 수 있는 환경을 제시해 주시거나 도전 행동이 강화되지 않도록 스스로 할 수 있는 것들을 만들어주면 좋습니다.

다음으로는 학교에서 생활하는 데 필요한 기초 학습 능력을 가르칩니다. 여기서 기초 학습 능력이란 자기 이름 쓰기, 1~10까지 숫자 쓰기 등의 기본적인 학습을 뜻합니다. 친구들은 할 수 있는데 자신이 잘 못하는 것이 나오면 지루함을 느껴 적응에 어려움을 보이게 됩니다. 학교생활이 불편해진 아이는 감각 추구를 하거나 도전 행동을 보이게 될 가능성이 높아지지요. 따라서 아이의 역량 안에서 기본적인 학습 능력을 준비시켜 줍니다.

세 번째로는 기본적인 자조 기술을 준비시킵니다. 혼자 겉옷 입기(지퍼형, 똑딱이형), **혼자 바지 입기**(단추형이 어렵다면 고무줄 바지로 대체), **화장실 갔다 오기**(혼자서 용변 뒤처리하기 포함), **가방 메기, 가방 닫기, 가방 열기, 가방 걸기, 실내화 신기, 실내화 벗기, 젓가락 사용하기, 우유갑 열기** 등 교실 안에서 스스로 수업과 활동에 참여할 수 있도록 연습해야 합니다.

네 번째로는 아이가 수업 시간에 착석과 지시 수행을 할 수 있도록 준비시킵니다. 수업 시간은 친구들과 함께 공부하는 장소임을 인지시킵니다. 아이가 착석이 이루어지지 않고 선생님의 지시에 따르지 않으면 수업을 참여하는 데 어려움이 많습니다. 그러므로 자리에 앉아 있기 연습과 간단한 지시에 따를 수 있도록 지도하는 것이 필요합니다. 여기서 간단한 지시란, 호명에 대답하기, 가방 걸기, 의자에 앉기, 교과서 꺼내기, 필통 꺼내기, 기다리기, 만지지 마세요, 등이 있겠습니다.

다섯 번째로는 충분한 운동을 통해 혼자 웃거나 우는 행동, 반향어 사용, 과도한 감각 추구를 최대한으로 줄일 수 있도록 조절시킵니다. 감각에 대한 충분한 자극이 없으면 교실에서 책상을 두드리거나 소리를 반복해서 내거나 발을 구르는 등 상황에 어울리지 않는 행동과 말, 발성들이 나타나기 때문입니다. 트램펄린, 계단 오르기 내리기, 조깅이나 산책을 통해서 아이가 스스로 조절할 수 있는 능력을 최대한 길러주세요. 혹은 다른 곳에 몰입하고 집중할 수 있는 놀잇감, 책, 워크북 등을 준비시켜 주는 것도 방법입니다.

품 안에 있던 아이들이 학교라는 곳에서 얼마나 많은 것을 배우고 경험할까라는 기대가 있는 반면 '잘할 수 있을까?'라는 두려움과 떨림도 클 거라고 생각합니다. 아이의 특성과 수준에 맞는 방향으로 천천히 준비하시고, 우리 아이들을 믿어주고 좋은 선생님과 친구들을 만나기를 소망하면 분명히 잘 적응하여 성공적인 학교생활을 할 거라고 생각합니다. 분명 마주하는 크고 작은 시행착오들도 있겠지만 그 시간이 결코 헛되지 않고 보람되고 가치 있는 시간이 될 것입니다.

학령기 도전 행동 다루기

학령기 도전 행동이란?

학령기 때 나타나는 도전 행동은 수업 시간이나 또래 관계에서 기준에 벗어나는 행동들을 말합니다. 수업 시간이나 활동 중에 자기 자극 행동, 공격적인 말/행동, 성적인 행동, 주의 산만, 충동, 불안/강박, 반항, 방해 행동이 있습니다.

이러한 도전 행동이 나타나는 주된 원인은 집중력 부족, 주의 산만, 혹은 무료함에서 오는 경우가 많습니다. 가정에서와는 다르게 학교에서는 지켜야 할 규칙이 있고 또 차분히 수업도 들어야 하기 때문에 도전 행동이 더 도드라지는 경향도 보입니다. 이러한 학령기에 나타나는 도전 행동은 반드시 수정해 주어야 합니다. 교실에 있는 다른 친구들에게도 영향을 미칠 수 있고 친구들이 우리 아이에 대해 부정적인 감정을 갖게 될 수 있기 때문입니다. 도전 행동의 원인을 파악하여 올바른 중재가 이루어져야 합니다.

② 도전 행동에 따른 중재 방법

수업 시간에 관계 없는 말을 반복하거나 음성 추구를 하는 아이

이런 아이는 수업에 대한 이해가 부족하거나 수업 도중 집중이 떨어지는 경우가 많습니다. 그래서 혼자서 다른 생각을 하며 중얼거리는 것이지요. 웃는 경우도 있습니다.

아이가 수업 시간에 이러한 부분들로 지적을 받는다면 바르게 소통할 수 있는 방법을 알려주어야 합니다. 도전 행동이 나타나기 전 "잘 모르겠어요." "힘들어요." "그만하고 싶어요."라고 표현할 수 있도록 도와줍니다. 아이가 아직 과제를 해결하기 어려울 때는 난도가 낮은 과제를 받을 수 있게 할 수도 있고, 아이가 답답한 마음이 들 때 잠시 전환하고 올 수 있는 공간을 마련해 주는 것도 하나의 방법입니다.

주위 사람에게 공격적인 행동을 하는 아이

아이가 갑자기 공격적인 행동을 하는 것은 세 가지 이유로 볼 수 있습니다. 첫째는 관심을 받기 위한 표현이고 둘째는 과제를 회피하기 위해 나타나는 행동입니다. 그리고 마지막 세 번째는 새로운 활동의 변화를 받아들이지 못한 불만을 공격으로 표현하는 경우입니다.

관심을 받기 위한 표현으로 공격적인 행동을 할 때는 선생님 또는 부모님이 아이를 무서워하면 안 됩니다. 크게 소리를 지르며 자극해서도 안 됩니다. 그러면 아이는 하나의 장난처럼 반복적으로 도전 행동을 계속할 수 있습니다. 그러므로 의연하고 안전하게 그 상황을 흘러가도록 보내는 것이 중요합니다.

과제를 회피하기 위해서 또는 변화를 받아들이지 못해서 공격 행동이 나타난다면 "하기 싫어요." "어려워요." "○○ 하고 싶어요."라고 언어로 의사를 전달할 수 있도록 도와주는 것이 중요합니다. 폭력이 아닌 다른 방법으로 자신의 의사를 표현할 수 있도록 연습시키고 도와주세요.

변화를 받아들이지 못한 데서 오는 불만으로 공격 행위를 보일 때는 활동 전에 아이가 당황스럽지 않도록 미리 이야기를 해주시면 좋습니다. 그래서 아이가 변화되는 상황이 생길 수 있음을 예측하고 마음의 준비를 할 수 있도록 도와주면 훨씬 자연스럽게 상황을 받아들이게 됩니다.

수업 중 교실이나 복도를 배회하는 아이

지적 능력이 낮거나 충동성 조절이 어려워 수업 시간에 집중하기가 어려운 아이는 수업 중 교실이나 복도를 배회하는 행동을 보이기도 합니다. 답답함을 참지 못하고 바르게 해소하는 방법도 모르기 때문입니다.

이런 아이에게는, 시간을 알려주는 타이머를 사용해서 수업 시간에 자리에 앉아 있도록 연습시킵니다. 수업을 따라가기 어려워한다면 학습에 참여할 수 있도록 아이의 수준에 맞는 분량의 학습지를 제공합니다. 그리고 아이의 선호와 관심을 파악해서 과제의 집중도를 높이고, 자리 배치도 선생님의 도움이 가능한 자리에 앉히면 좋습니다. 유독 착석에 대한 인지를 어려워하는 아이들은 활동 보조교사와 같은 대체 인력의 도움을 받는 것도 하나의 방법입니다.

배회 행동은, 아이가 감각 추구나 각성 수준을 높이기 위해 필요한 자극을 찾는 행동일 수도 있습니다. 이때는 전정 감각과 고유수용성 감각 활동으로 해소해 주세요. 예를 들면 그네타기, 회전하는 놀이기구 타기, 뛰기 등이 있습니다. 이러한 신체활동을 한 뒤에 수업에 참여하도록 돕는 것도 좋은 방법입니다.

학교생활을 하면서 나타나는 도전 행동은 부모님들을 또 한 번 좌절하게 만들 수 있습니다. 지금까지 열심히 노력해 왔으니 다른 아이들과 함께 어울릴 수 있다고 생각했는데 우리 아이만 독특한 것 같고, 괜히 아이들 사이에서도 잘 어울리지 못하는 것 같아 마음이 무너집니다.

우리도 삶을 살아가다 보면 여러 시행착오를 겪고 그 시행착오를 통해 성장합니다. 우리 아이들도 마찬가지로 그 과정을 겪고 있는 중입니다. 완성된 상태로 삶을 살아가는 사람은 없습니다. 조금 엉뚱한 행동을 통해 지적도 받고, 부끄러운 마음도 느끼고, 혼도 나지만 그런 과정을 통해 우리 아이들은 자라나고 있습니다.

우리 아이들은 느리고 장애가 있다 보니, 장애 아이 부모님들은 아이들의 아픔과 슬픔에 너무 깊게 감정이 이입되는 경우가 많습니다. 그러나 부모님들은 우리 아이가 걸어가며 겪는 모든 문제를 해결해 주기보다 찬찬히 해결해 나가는 아이를 지지해 주고 응원해 주어야 합니다. 허둥지둥거리고 우당탕하며 해결해 나갈까 싶지만 우리 아이들은 조금씩 배우고 자라고 있습니다. 그 모습을 지켜보는 게 답답하고 쉽지 않겠지만 조금만 기다려주시면 아이가 어느새 저 멀리 걸어가고 있는 모습을 볼 수 있을 것입니다.

학령기 언어 촉진 방법

학령기는 학령전기와 다르게 새롭게 도움을 주어야 할 부분들이 생깁니다. 추상적인 언어와 더불어 메타언어인식(meta-linguistic awareness) 기술도 필요해집니다. 그러나 우리 아이들처럼 언어 기술이 부족하거나 다양한 상황을 이해하고 상황에 따른 언어를 활용하는 데 어려움을 보이는 경우 또래와 어울리는데 어려움을 보일 수 있습니다. 따라서 학교 교과과정을 기반으로 언어를 중재하여 아이가 보다 학교생활에 적극적으로 참여할 수 있도록 도와주며 학령기에 따른 어휘와 문법, 화용 및 담화를 촉진해 주어야 합니다.

① 어휘, 문법을 촉진하는 방법

우리 아이들이 학령기가 되면 은유적, 비유적 의미를 파악하고, 한자어, 추상어, 친구들 사이에서 사용하는 은어와 같은 어휘 이해와 표현에 어려움을 보입니다. 그래서 문맥을 이해하는 데 어려워하는 경우가 있고 혼자 또래 대화에서 흐름을 못 따라가거나 엉뚱한 말을 하는 모습을 보입니다. 또한, 문법 형태소의 오류로 인해서 발화의 응집성이 떨어지거나 '음, 어, 그러니까'와 같은 간투사 사용도 많이 나타납니다. 이런 아이들은 수업 집중도가 떨어지고, 대화를 나눌 때 반응이 느리거나 문장을 상투적으로 사용하고 문어체로 사용하는 모습을 보입니다. 또한 구어로 표현하는 것을 어색해합니다.

이럴 때, 교과 어휘는 학년에 맞추어서 어휘 중심으로 나와 있는 학습지를 푸는 것도 좋은 방법이고, 또 교과서 안에서 어려워하는 어휘들을 중심으로 짧은 글짓기나 역할놀이 대사 만들기 활동도 어휘, 문법 모두 해결하기에 좋습니다.

예) **배려** (한자어)

사전적 의미: 남을 돕거나 보살펴 주려고 마음을 쓰는 것
짧은 글짓기: 나는 학교에서 친구를 배려해서 자리를 양보하였다.
역할놀이 대사 만들기: 다솜아 급식시간에 자리도 양보해주고 배려해줘서 고마워!

예) **백지장도 맞들면 낫다** (속담)

사전적 의미: 쉬운 일이라도 협력하면 훨씬 더 쉬워진다는 것
짧은 글짓기: 백지장도 맞들면 낫다더니 가족들이 함께 청소를 하니 금방
했다.
역할놀이 대사 만들기: 지안아, 백지장도 맞들면 낫다더니 네가 도와줘서
청소가 금방 끝났네. 정말 고마워.

② 화용, 담화를 촉진해 주는 방법

화용은 다양한 사회적 상황에서 언어를 사용하는 것으로 대화
규칙을 잘 지키고, 화자의 역할과 청자의 역할을 적절하게 지키는
것입니다. 담화는 주제에 맞게 이야기를 전개하고 사실적, 추론적
상황을 이해하는 것입니다. 우리 아이들은 토론이나 설명, 대화 규
칙에 따라 친구들의 대화에 끼어들기, 대화 안에서 적절하게 공감
해주고, 반응해 주는 것이 어렵습니다. 그리고 이야기를 할 때 적
절한 주제를 가지고 이야기를 응집성 있게 전달하거나 추론해서
이야기를 이해하고 표현하는 데 어려움을 보입니다.

대부분 우리 아이들은 친구들과 관계를 맺거나 예측하지 못한

문제 상황이 생기면 당황하고 문제를 해결하는 데 어려움을 보입니다. 그래서 또래 아이들 사이에서 눈치가 없어 보이고 어리숙해 보여서 마치 고장 난 로봇 같은 모습을 보일 때가 있습니다. 아이들의 그런 모습을 바라보는 것이 쉽진 않겠지만 그 상황이 아이한테는 예측하지 못했던 상황이라 그 당시에 해야 할 말과 행동을 가르쳐주는 계기로 삼으면 좋습니다. 그리고 말풍선 놀이, 청소년 드라마나 프로그램을 통해 주인공의 감정 알아맞히기 놀이를 하면서 아이가 스스로 사회적 상황을 보는 시선이 넓어질 수 있도록 도와주면 좋습니다.

대부분의 아이들이 연구소에 와서 "나도 내가 왜 그런지 모르겠어요, 이 상황에 무슨 말을 해야 할지 잘 모르겠어요."라고 말을 합니다. 우리가 봤을 때 엉뚱해 보이는 이 모습이 나쁜 마음으로 일부러 그러는 것이 아니라 잘 몰라서 그런 것입니다. 우리는 이렇게 아이를 이해해 주어야 합니다.

예) **친구에게 칭찬을 받았을 때**

은재야 첼로 대회에서 1등 했다며? 너 정말 대단하다!
은재는 친구에게 뭐라고 말해야 할까?
정답: 소울아 칭찬해줘서 고마워.

예) **친구와 다퉜을 때**

준영아 너는 왜 맨날 축구할 때 반칙해! 너랑 축구하기 너무 힘들어!
준영이는 뭐라고 말해야 할까?
정답: 승현아 미안. 앞으로 반칙 안 할게!

❸ 교과과정을 기반으로 한 언어 중재

우리 아이들은 정규교과를 따라가는 것이 절대 쉽지 않습니다.
부모님들도 그걸 알지만 학교에 보내다 보면 다른 친구들을 보게
되고 비교를 하게 됩니다. 그래서 아이가 힘든 걸 알지만 억지로라
도 가르치고 싶은 마음이 듭니다. 그럼 어떻게 가르쳐야 할까요?
우리 아이들은 그냥 느린 아이로만 계속 성장해야 하나요?

예시로, 초등학교 1학년 교과서에 나오는 돌잡이 내용으로 함께
연습을 해보도록 하겠습니다. 먼저, 아이에게 글을 읽기 전에 글
속에 나오는 이미지나 그림을 보면서 대화를 나누는 것이 중요합
니다. "여기 뭐가 있지?, 이 중에 아기는 어디있지?, 아기가 뭐 하고
있는 거 같아 보여?"와 같이 질문해 주세요.

다음으로 함께 글 읽기 활동을 한 후, 스토리맵 그리기를 해봅니다. 스토리맵은 이야기 구조를 시각적으로 제시하는 이야기판으로 시각적 단서로 활용할 수 있습니다. 그리고 이야기의 구조적 요소를 파악하며 정보의 이해와 산출의 효율성을 높일 수 있습니다. 또한 이야기의 흐름에 따라 '누가, 어디, 무엇, 어떠한 사건'이 벌어졌는지, 사건이 어떻게 해결이 되었는지, 결말이 어땠는지를 도식화하면서 이야기를 체계화시킬 수 있습니다.

글 내용과 관련하여 질문 점화 활동을 합니다. 육하원칙의 질문을 점화해 주면서 아이가 이야기에 대한 사실적 질문(누가 나와?, 무슨 일이 생겼어?, 무엇이 있었지?, 와 같은 표면에 드러난 사실)과 추론적 질문(어떻게 될 것 같아?, 이전에는 어떤 일이 있었을까?, 너라면 어땠을 것 같아?)을 통해 이야기를 이해하고 표현하는 활동을 합니다.

교과 본문과 관련하여서 받아쓰기 활동을 합니다. 받아쓰기를 연습하는 방법은 처음에는 받아쓰기 연습을 먼저 한번 해보고 어려워하는 단어 중심으로 연습을 합니다. 따라 쓰기를 하면서 보고 읽고 쓰기 연습을 하고, 쓰고 난 후 가리고 쓰기 연습을 하면서 아이가 단어를 바르게 알고 쓸 수 있도록 연습을 합니다.

아기의 첫 번째 생일에 돌잔치를 했습니다.

돌잡이는 아기가 물건 중 한 두 개를 잡는 것입니다.

쌀, 떡, 책, 붓, 돈, 활, 실을 올려 놓습니다.

실을 잡는 아이는 오래 산다고 했습니다.

책을 잡는 아이는 공부를 잘할 것이라고 했습니다.

쌀을 잡는 아이는 부자가 될 것이라고 했습니다.

옛날 조상들은 돌잡이를 하여 아이가 건강하고 행복하게 자라길 바랐습니다.

**스토리맵
그리기 활동**

**질문 점화
활동**

1. 첫 번째 생일에 무엇을 했나요?

_____

2. 돌잡이상 위에는 무엇이 있었나요?

_____

_____

3. 실을 잡는 아이는 어떻게 된다고 했나요?

_____

4. 책을 잡는 아이는 어떻게 된다고 했나요?

_____

5. 왜 돌잔치를 하나요?

_____

가정에서 부모님들이 교과과정을 가르쳐 주다 보면 어떻게 가르쳐야 할지도 잘 몰라서 답답하고, 아이는 이해가 안 되니 산만합니다. 그래서 부모님들은 다그치고, 아이는 혼이 나서 공부에 더 이상 흥미를 잃게 됩니다. 우리 아이들은 집중시간이 짧아서 긴 시간 아이와 실랑이를 하는 것은 의미가 없습니다. 아이가 집중을 할 수 있는 시간을 확인을 하고 30분 공부, 10분 쉬는 시간으로 나눠서 공부를 하는 것이 더 효율적입니다.

그리고 아이를 친구들 수준에 맞추려고 하면 오히려 부담을 줄 수 있으므로, 아이의 개별 수준에 맞춰 한 단계씩 진행하는 것이 중요합니다. 각 아이는 고유한 속도로 배우고 성장하기 때문에, 아이의 현재 능력과 관심사를 존중하며 지원해 주는 것이 필요합니다. 결국, 중요한 것은 아이가 배우고 이해하는 과정에서 긍정적인 경험을 쌓는 것입니다. 부모님은 아이의 강점과 약점을 잘 파악하고, 이를 바탕으로 맞춤형 지원을 제공하여 아이가 자신감을 가지고 배울 수 있도록 도와주어야 합니다. 이는 아이의 학습 동기를 높이고, 장기적으로 더 나은 학습 결과를 가져올 수 있습니다.

또한 학습의 양을 정할 때는 아이와 의논하여 정합니다. 아무리 좋은 것이라도 입에 떠서 먹여줬는데도 삼키지 않으면 아무 의미가 없습니다. "엄마는 네가 이 정도는 할 수 있을 것 같은데 너는 어느 정도 할 수 있을 것 같아? 한번 같이 정해볼까?"라며 아이와 함께 학습의 양을 정하면 아이도 책임감 있게 자기가 해야 할 일을 할 수 있고 아이와의 실랑이도 줄일 수 있습니다.

아이와 함께 공부하는 것은 아이를 위한 일입니다. 아이에게 공부도 중요하지만 맡은 일에 대한 책임감, 성실하게 하는 사람, 약속한 것을 지키는 사람으로 자라는 것 또한 중요함을 가르쳐 주세요.

④ 아이의 발음을 중재하는 방법

주변을 둘러보면 발음이 좋지 않은 아이들을 볼 수 있습니다. 예를 들어, 연령에 비해 너무 어리게 말하는 친구가 있을 수도 있고, 특정한 소리를 내는 것을 어려워하는 친구도 있습니다. 이러한 아이의 모습을 빠르게 파악하여 시기에 적절하게 중재하는 부모님들도 계시지만 이러한 아이의 모습이 귀엽다고 오히려 강화해 주어서 적절한 중재가 이루어지지 않아서 잘못된 발음이 습관이 된 경우도 있습니다.

24개월 아이부터 초등학교 입학을 앞둔 7세 아이까지 모두 발음을 잘해야 하는 건 아닙니다. 왜냐하면 24개월부터 7세까지는 음소 발달이 이루어지는 단계에 있기 때문에 잘하는 발음도 있지만 못하는 발음이 있는 것도 당연합니다. 그렇지만 초등학교 입학 후 나타나는 발음의 문제는 전문가를 꼭 찾아가서 상담과 치료를 받는 것을 추천드립니다.

음소 발달 단계는 표를 보고 아이의 발달 연령과 맞추어서 확인해 보시길 바랍니다.

구분	음소 발달 단계			
연령	완전 습득 연령 95~100%	숙달 연령 75~94%	관습적 연령 50~74%	출현 연령 25~49%
2;0~2;11	ㅍㅁㅇ	ㅂㅃㄴㄷㄸㅌ ㄱㄲㅋㅎ	ㅈㅉㅊ	ㅅㅆ
3;0~3;11	ㅂㅃㄸㅌ	ㅈㅉㅊㅆ	ㅅ	
4;0~4;11	ㄴㄲㄷ	ㅅ		
5;0~5;11	ㄱㅋㅈㅉ	ㄹ		
6;0~6;11	ㅅ			

치료를 위해서는 먼저 중재가 필요한 발음을 선택해야 합니다.

발음을 선택할 때는 안되는 발음을 모두 선택하기보다 아이의 연령에서 나타나야 할 발음, 발생 빈도가 높은 발음을 골라주세요. 예를 들어, 3세 아이인데 5세에서 6세에 나타나는 /ㅅ/ 또는 /ㄹ/ 발음이 안 된다고 중재를 한다면 아이가 많이 어려워할 수 있습니다.

치료 방법으로는 반복하여 발음을 집중적으로 연습하는 반복 연습, 놀이로 발음을 유도하는 놀이 연습, 구조화된 놀이 연습, 놀이 시 발음을 들려주고 잘못된 발음을 수정하는 놀이 방법이 있습니다.

예) **어두초성** (단어의 첫 음소) /ㅂ,ㅃ,ㅍ/ 발음을 중재할 경우,

반복 연습 : '바,빠'를 5번 반복
놀이 연습 : 자동차 놀이 시 '빠방'을 들려주며 유도
구조화된 놀이 : 자동차 놀이 시 '빠방 해'를 훈련하도록 계획하고 중재
놀이 방법 : 자동차 놀이 시 '빠방'을 들려주고 '가강'이라고 오반응 할 경우 수정

아이의 특성과 기질에 따라 중재를 진행하고, 가장 중요한 것은 매일 꾸준하고 지속적으로 해야 합니다. 이전의 잘못 습관된 발음으로 돌아가지 않도록 가정에서 매일 일정 시간을 투자해서 아이에게 중재하는 것이 필요합니다.

⑤ 말을 더듬는 아이 중재하는 방법

우리 아이들을 보면 어릴 때부터 조리 있게 자신의 생각을 표현하는 아이가 있는 반면, 긴장해서 말을 더듬는 아이들도 있습니다.

밴 리퍼(Van Riper, 1982)는 말더듬증(Stuttering)이 발생하는 직접적인 원인을 말소리의 조음에 관여하는 근육의 불협응으로 인해 발생하고 이러한 불협응에 상대가 부정적으로 반응함으로써 더 악화된다고 하였습니다. 여기서 근육의 불협응이란, 말을 산출하는 데 필요한 호흡, 발성, 조음의 근육운동이 적절하게 동시화되지 않는 것을 말합니다.

말더듬증이 발생할 때는 주로 반복, 연장, 막힘이 나타납니다. 그리고 이러한 말더듬증이 지속되면 말더듬증에서 빠져나오기 위한 탈출 행동과 말을 더듬는 상황을 모면하려는 회피 행동이 나타납니다.

반복: "어어어어제 학교에 갔어."
연장: "어(2-3초 연장)〜제 학교에 갔어."
막힘: "어(소리가 멈춤), 제 학교에 갔어."
탈출 행동: 머리 젖히기, 무릎치기 등
회피 행동: 전화하는 상황에서 말더듬증이 심할 경우, 전화 자체를 거부하기

말더듬증의 발생 시기를 살펴보면, 두 낱말 조합을 사용하기 시작하는 1세 6개월부터 사춘기 11~12세까지입니다. 그중 2세에서 5세 사이에 그 발생 빈도가 제일 높습니다. 말더듬증의 발생률, 출현율을 살펴보면, 말을 더듬은 경험이 있던 아이들은 약 5%, 그중 말을 더듬고 있는 아이들은 약 1%로 말을 더듬은 경험이 있던 사람들 중 약 80%는 회복되었습니다. 말더듬증 출현율 중 남녀의 비율에도 차이가 있습니다. 남자 3~4명에 여자 1명의 비율입니다. 말더듬증의 가계력을 살펴보면, 말더듬증이 발생할 수 있는 가능성이 여자보다 남자가 더 높으며, 말더듬증 친척 가운데 말을 더듬는 사람의 수가 더 많았습니다.

한편, 말더듬증을 치료한다고 하면 주변에서 이렇게 질문을 합니다. "어? 나도 말을 더듬는데 치료가 필요한가요?" "말더듬증은 어느 정도 다 나타나지 않나요?" "나도 말더듬증인가요?" 말더듬증의 초기에 있는 아이들은 자신이 말을 더듬고 있다는 사실조차 감지하지 않습니다. 언어를 배우는 과정에서 자연스럽게 나타나는 '정상적인 비유창성'도 있습니다. 그러나 이 시기에 주위 사람들이 자주 지적을 하고 책망하여 자기가 말을 더듬는 것을 인지하게 되면 당황하고 좌절하고 수치를 느끼게 됩니다. 그러면서 말을 하는 것에 대해 공포와 두려움을 느끼고 말더듬증이 심화 되는 경우가 있습니다. 이러한 경우를 말더듬증 발생이론에 따르면 '진단착오이론'이라고 볼 수 있습니다. 언어 발달 과정에서 나타나는 정상비유창성을 부모님이 말더듬증으로 잘못 진단하고 과민반응하여 아이가 자기의 말에 문제를 인식하게 됨으로 말더듬증이 발생한다는 주장입니다.

밴 리퍼는 정상적 비유창성과 말더듬증을 감별하는 기준을 다음과 같이 제시하였습니다.

행동	말더듬증	정상적 비유창성
음절 반복		
a. 낱말 당 빈도	3회 이상	2회 이하
b. 100낱말 동안 빈도	3회 이상	2회 이하
c. 속도	정상보다 빠름	정상 속도
d. 규칙성	불규칙적	규칙적
e. 중설모음	종종 나타남	없거나 드묾
f. 공기흐름	종종 방해받음	거의 방해받지 않음
g. 긴장	종종 드러남	없음
연장		
h. 지속 기간	1초 이상	1초 이하
I. 빈도	100낱말 당 1회 이상	100낱말 당 1회 이하
j. 규칙성	불규칙적이거나 방해됨	자연스러움

k. 긴장	나타나면 중요함	없음
l. 유성음일 때	음도가 높아질 수 있음	음도 상승 없음
m. 무성음일 때	공기 흐름이 막힘	공기 흐름이 유지됨
n. 끝맺음	갑작스러움	점진적임
멈춤		
o. 한낱말 이내	나타날 수 있음	없음
p. 말을 시작하기 전에	비정상적으로 김	보이지 않음
q. 비유창성이 나타난 후	나타날 수 있음	없음
발성		
r. 억양	제한되고 단조로움	정상적
s. 발성제동	나타날 수 있음	없음
t. vocal fry	나타날 수 있음	보통 없음
조음 자세		
u. 적절성	부적절할 수 있음	적절함
스트레스에 대한 반응		
v. 형태	깨진 낱말이 많음	정상적
자각의 증거		
w. 음소적 일관성	나타날 수 있음	없음
x. 좌절	나타날 수 있음	없음
y. 지연	나타날 수 있음	없음
z. 눈맞춤	흔들림	정상적

말더듬증은 정상적 비유창성과는 양적인 차이뿐 아니라 질적인 차이를 보입니다. 따라서 정확한 면담과 평가를 통해 중재가 이루어져야 합니다. 다양한 중재 방법이 있지만 말더듬증은 가정생활 안에서 아이와의 올바른 대화법을 통해서도 많은 진전을 보이는 경우가 있습니다. 집에서 아이와 대화 가운데 아래 제시하는 부분들을 지켜주어서 긴장하는 부분들을 낮춰주면서 대화를 이어 나가는 것이 중요합니다.

1. 자주 질문하는 것을 피한다.
2. 충분히 말의 속도를 늦춘다.
3. 좀 더 짧고 단순한 문장을 사용한다.
4. 부드럽고 조용한 말소리로 이야기한다.
5. 알맞은 칭찬을 한다.
6. 아이가 말을 시작하고 끝낼 때까지 충분히 기다린다.

⑥ 우리 아이와 방학 때 무엇을 해야 할까

학교에 다니는 친구들은 학교 교과 공부, 본인의 수준에 맞는 학습도 공부하고 해야 할 것이 너무 많습니다. 부모님들도 아이의 부족한 부분들을 채워줘야 할지 아니면 선행 학습으로 또래 수준에 맞는 공부를 억지로라도 시켜야 할지 우왕좌왕하게 됩니다.

또래 친구들과의 수준 차이가 많이 나면 걱정할 것 없이 아이의 수준에 맞는 학습을 시키면 됩니다. 또래 친구들과 수준 차이가 많이 나지 않으면 아이와 함께 공부하는 학습지나 학습 과제를 세분화시키는 것이 좋습니다. 요즘에는 학년별로 교과서에 나온 어휘를 모아 학습할 수 있는 학습지도 있고, 글쓰기 방면으로는 다양한 글쓰기에 대한 학습지가 있으며, 독해 방면으로는 글의 난이도와 글의 종류에 따라 다양하게 세분되어 있는 학습지들이 나와 있습니다. 아이와 서점에 가서 재미있게 할 수 있는 책을 함께 찾아보는 것도 좋은 방법입니다.

학습 시간은 아이와 함께 정하는 것이 좋습니다. 장애가 있는 아이들은 집중을 할 수 있는 시간이 짧고 또 그 시간에 흡수할 수 있는 정보의 양도 제한되어 있기 때문입니다. 아이에게 많은 것을 해주고 싶은 마음에 2~3시간씩 쉬는 시간도 없이 공부시키면 아이와의 관계성도 나빠질 뿐 아니라 제대로 배우지 못하고 허송세월하게 됩니다.

우선 방학을 맞이하면 가장 먼저 계획표를 짜주세요. 아이가 학교를 가지 않더라도 규칙적인 생활을 할 수 있도록 일정을 짜두는 것이 중요합니다. 다음으로는 목표를 잡고 방학 동안에 끝낼 수 있는 아이 수준에 맞는 학습지를 준비해서 하루에 1~2장씩이라고 꾸준히 할 수 있도록 합니다. 너무 양이 많은 것은 아이도 부모님도 앞에 몇 장은 신나게 하더라도 쉽게 지쳐버리고 앞 페이지만 끄적여 있는 학습지들이 생길 수 있습니다.

그리고 방학 동안 매일 해야 하는 일을 모아 'To Do List'를 작성합니다. 예를 들어 볼까요?

1) 일기 쓰기
2) 책 1권 읽기
3) 줄넘기 50번 뛰기
4) 어휘력 학습지 1단원씩 풀기
5) 독해 학습지 1~2장 풀기

이렇게 꼭 해야 하는 것을 시각적으로 보는 것은 중요합니다. 아이 스스로 오늘 해야 할 일들을 확인하고, 잘 하고 있는지 스스로 피드백할 수 있도록 도와줍니다.

부모님의 모범도 중요합니다. 방학이라고 게을러지지 않게 함께 계획표를 세우고 꾸준히 실천하는 모습을 아이에게 보여주세요.

아이에게는 계획표와 해야 할 일을 실천해야 한다고 하면서 부모님들은 아침 늦게 일어나 핸드폰만 한다면 어떨까요? 아이도 그럴 필요성을 못 느낄 것입니다. 계획을 열심히 짜도 결국에는 용두사미로 끝나고 마는 것이지요. 그렇기 때문에 규칙적으로 해야 할 일을 가족들이 모두 실천하고 꾸준히 해내야 합니다.

5

또래 관계 맺기

① 장애 아이의 사회성

우리 아이들에게 사회성은 특히나 어려운 부분입니다. 다양한 상황 속에서 언어를 구사하는 화용 언어 능력의 결함이 두드러지게 나타나기 때문입니다. 친구와 대화를 어떻게 시작해야 할지, 대화에 어떻게 반응을 해야 할지, 무슨 질문을 해야 할지, 언제 대화에 끼어들어야 할지, 이 모든 것들이 어려운 일입니다.

이러한 어려움이 지속되면 또래 간의 상호작용을 통해 배울 수 있는 것들도 놓치게 되고 사회적 기술 습득의 기회도 잃게 됩니다. 또한 자아정체성 확립이 어렵고 친사회적인 환경에 대한 접근이 어려워서 경험해야 하는 사회의 범위는 넓어지는데 아이는 자라지 못하는 결과를 초래하게 됩니다.

우리 아이들이 겪는 사회성의 어려움은 고의성이 없습니다. 아이를 잘 이해하지 못한 채로 바라보면 우습게 행동하는 모습을 지적하게 됩니다. 아이의 행동이 잘 이해가 가지 않을 때가 많아집니다. 그러나 아이들도 사회적인 아이, 칭찬받는 아이, 친구들에게 인기가 많은 아이가 되고 싶은 마음을 가지고 있습니다. 또 노력하기도 합니다. 부디 아이의 어려움을 이해하고 아이의 고민을 들어주는 좋은 대화 상대가 되어 주시기 바랍니다. 그러면 아이도 점차 좋아지고 성장할 것입니다.

② 사회성은 어떻게 길러주나요?

사회성 연습을 풀어 말하자면, 상대에게 좋은 청자와 화자가 되어가는 훈련입니다. 좋은 청자가 되기 위해서는 잘 들어야 하고, 좋은 화자가 되기 위해서는 잘 말해야 합니다. 그렇게 한다면 친사회적인 아이가 되고, 친사회적인 아이가 되면 더 넓은 사회에서도 잘 살아갈 수 있는 힘이 생깁니다.

좋은 청자가 되기 위해서는 듣고 이해하고 집중하는 연습을 해야 합니다. 집에서 심부름을 잘 수행하거나 상대방이 하는 질문에도 잘 변별해서 대답할 수 있어야 합니다. 그리고 상대방의 감정을 읽고 그 감정에 공감해 줄 수 있어야 합니다.

좋은 화자가 되기 위해서는 상황에 적절한 말을 구사할 수 있어야 하고, 주어진 상황에 적절하게 대처할 수 있어야 합니다. 그리고 자신의 상황과 감정을 설명하고 표현할 수 있어야 합니다.

사회성이 좋다는 말은 주관적입니다. 외향적인 사람, 내향적인 사람, 적극적인 사람, 소극적인 사람이 있기 때문입니다. 이렇게 기질에 좋고 나쁨이 없는 것처럼 우리 아이들도 사회적인 기술의 사용이 부족할 뿐입니다. 아이의 성격까지도 문제라고 생각하는 분들도 계십니다. 아이마다 가진 성격이 다를 뿐 '문제투성이인 성격'은 없습니다. 아이의 성격은 존중하고 이해하되 사회적인 기술에서 보이는 행동들에 대한 중재가 잘 이루어진다면 아이도 자기 자신을 이해하고 사랑하는 아이로 자랄 수 있을 것입니다.

③ 즐겁게 이야기 나누기

장애 아이와 함께 즐겁게 이야기 나누는 방법은 무엇이 있을까요? 많은 부모님들이 "나는 이 아이와 재미있게 이야기도 나누고 놀고 싶은데 방법을 모르겠다."고 합니다. 아이와 함께 어떻게 이야기를 나누고 또 재미있게 놀 수 있는지 알려드리겠습니다.

먼저, 장애물 게임입니다. 장애물로 서로의 시야를 막고, 아이와 함께 찰흙 놀이, 그림 그리기, 자석 조각 만들기를 합니다. 아이에게는 동일한 재료를 제공을 하고 어떻게 만들지 서로 가르쳐 주며 만든 다음, 장애물을 제거한 후에 작품의 모양이 같은지 확인합니다. 장애물 게임을 통해 아이가 표현하고자 하는 것을 직접 설명할 수 있도록 합니다.

다음으로 물건 찾기 게임입니다. 아이가 선호하는 물건에 대한 목록을 만들어 놓고 방 곳곳에 물건을 배치합니다. 그리고 찾을 물건을 정한 뒤 어떤 물건인지 질문하게 합니다. 아이가 찾으려는 물건을 찾기 위해서 다양한 질문을 구사할 수 있도록 합니다.

절차적 담화 활동도 있습니다. 아이와 함께 코코아 만들기, 샌드위치 만들기 등 익숙한 활동을 어떻게 하는지 설명을 하면서 유튜브 컨텐츠 촬영 놀이를 합니다. 요즘 아이들이 유튜브에서 다양한 영상을 접하기 때문에 특히 재밌어합니다.

경험 말하기 활동도 좋습니다. 아이가 재미있었던 기억, 속상했던 기억, 슬펐던 기억들을 같이 이야기 나누기를 합니다.

책 읽고 말하기 활동은, 줄거리가 있는 책을 읽고 다시 말하기 연습을 하거나 책을 읽는 내용에 대한 감상문을 이야기해 주는 활동을 말합니다.

어린이 드라마를 보고 이야기를 나누는 활동도 좋습니다. 이 활동은 아이가 어린이 드라마를 보면서 상황을 이해하는 능력이 길러지며, 그 상황에서의 주인공들이 느끼는 감정을 어떻게 생각하는지 함께 이야기 나누는 과정을 통해 아이와 다양한 주제로 대화를 나눌 수 있습니다.

가장 중요한 것은 아이와 대화를 나누는 것은 아이를 가르치는 것이 아니라 아이와 함께 생각을 나누고 즐겁게 웃고 감정을 공유하는 것입니다. 즐겁게 대화 나누기로 시작했으나 결국에는 혼나는 것으로 끝나는 대화라면 아이는 다음에 부모와 대화를 나누고 싶지 않을 것입니다. 대화 안에서 이루어지는 미숙한 부분들은 이해해주고 부모님과 나누는 대화가 가장 재미있음을 느낄 수 있도록 많이 경청해 주세요.

④ 학교에 적응을 잘 못하는 아이 어떻게 이겨내야 할까?

아이들이 학교에 가면서 기대했던 모습과 다른 모습에 실망하고 연구소에 오시는 부모님들이 계십니다. 낯선 장소에 갔더니 시작하는 날부터 아이가 적응을 못 하고 혼자 교실에 눕고 뛰어다니고 수업 시간에 큰 소리를 내고 계속 웃고 집에서는 잘 안 하던 행동을 오히려 하는 것 같아서 속상한 마음이 생깁니다. 학교를 보내지 말았어야 하나 싶기도 하고 지금까지 나의 교육이 잘못되었나 하는 마음에 자책과 분노를 하게 됩니다. 이 상황을 어떻게 이겨내야 할까요?

먼저, 아이에게 지적보다는 칭찬을 해 주어야 합니다. 선생님들의 지적을 듣고 오면 부모님은 아이가 왠지 모르게 더 미워 보이고 잘못하는 모습만 보이게 됩니다. 아이는 지적을 계속 받으니 오히려 아무도 자기의 마음을 몰라주는 것에 더 큰 분노와 공격적인 행동으로 반응을 하게 됩니다. 그런 악순환을 막기 위해서 아이가 보인 작은 칭찬 거리부터 살펴서 칭찬해 주어야 합니다. 그러면 아이가 점차 올바른 행동이 무엇인지 알게 되고 그 행동으로 사람들의 관심과 주의를 끌려고 노력할 것입니다.

학교 선생님들과는 협력해야 합니다. 학교 선생님들은 도움을 주려는 고마운 분들입니다. 상담을 하다보면, 안타깝게도 선생님들에 대해 부정적인 이야기들을 쏟아놓는 부모님들이 있습니다. 학교 선생님들이 아이를 잘 교육하실 수 있도록 부모님들은 조력자 역할을 하는 것이 중요합니다.

이기적인 마음보다는 배려하는 마음을 가져야 합니다. 혹시라도 우리 아이가 느리다는 이유로 존중받지 못하고 피해받을까 봐 우리 아이의 입장만 이해해달라고 부탁하는 부모님들이 계십니다. 학교라는 곳은 다른 친구들과 함께 보내는 곳이므로 아이가 다른 친구들과 어울리는 사회에서 피해주지 않는 아이로 살아갈 수 있도록 부모님들이 먼저 배려와 이해하는 모습을 보여주어야 합니다.

부정적 생각보다 긍정적 생각을 하셔야 합니다. 아이가 잘 적응을 못하면 모든 면이 부정적으로 보이고 부정적인 말을 내뱉게 됩니다. '학교 시스템이 별로야' '선생님이 우리 아이를 안 예뻐하는 것 같아.'라는 말보다 '학교 선생님들이 이런 부분들을 신경 쓰고 계시는구나.', '이런 부분이 좋아지면 우리 아이가 더 많이 좋아지겠구나.'라며 좋은 쪽으로 생각의 방향을 잡으면 좋겠습니다.

겸손하고 온유한 마음을 가지셔야 합니다. 아이가 느리다는 건 부모의 잘못도 아이의 잘못도 아닙니다. 하지만 그렇다는 이유로

그것을 권리로 여기며 누구에게라도 함부로 대할 수는 없습니다. "우리 아이가 부족하기는 하지만 열심히 지도하고 있습니다. 잘 부탁드립니다. 집에서도 열심히 가르치겠습니다."라는 마음으로 아이와 세상에 나간다면 좋은 사람들이 함께할 것입니다.

우리 아이들은 새로운 학교, 선생님, 친구들 모두 익숙하지 않은 환경에 적응하느라 나름대로 고군분투 중에 있을 것입니다. 아이들에게 환한 미소로 "오늘 하루도 너무 잘했어. 안전하게 지내다 온 것만으로도 훌륭하게 잘 해냈다!"라고 칭찬해 주시길 바랍니다.

아이들과 함께하는 게임 추천

보드게임

아이들은 게임을 통해 사회적 규칙(순서 지키기, 게임 규칙 이해하기, 반칙하지 않기)을 배웁니다. 게임을 통해 이해력도 좋아지고 친구들에게 게임을 설명하면서 아는 정보를 전달하는 방법도 익히게 됩니다. 아이들과 함께 할 수 있는 보드게임은 어떤 것이 있을까요?

1. 루핑루이

기계가 돌아가면서 3개의 코인을 전부 잃는 사람이 지는 게임입니다. 순서를 지키는 연습, 사회적 규칙 지키기 훈련을 할 수 있습니다.

2. 브레드 이발소 파리셰 사다리 게임

사다리 게임의 정석과도 같은 게임입니다. 규칙을 이해하고 규칙을 외우고 규칙대로 움직이는 방법을 익히는 데 효과적인 게임입니다.

3. 토끼는 당근을 좋아해

농장 아저씨에게 들키지 않게 당근을 가져가야 하는 게임입니다. 이빨 자국이 없는 당근을 가져와야 하지요. 아이들이 게임 규칙을 이해하는 연습을 할 수 있습니다.

4. 모노폴리 슈퍼 마리오

빠르게 진행되는 자산 거래 게임이라 지루함 없이 재미있게 할 수 있는 게임입니다.

5. 펭귄 얼음 깨기

펭귄 얼음판을 만들어서 망치로 얼음을 깨면서 펭귄이 바닥에서 떨어지면 지는 게임입니다. 게임의 순서를 지키는 연습을 할 수 있습니다.

6. 뒤죽박죽 서커스

카드에 있는 다양한 그림들을 이 그림에 맞춰서 미션을 수행하는 게임입니다.

7. 개구리 사탕 먹기

버튼을 누르면서 개구리가 타이밍에 맞게 사탕을 먹어서 사탕을 가장 많이 먹은 사람이 승리하는 게임입니다.

8. 코코너츠 (Coconuts)

원숭이가 코코넛을 바구니에 넣어서 바구니 컵을 가져와 6개의 피라미드를 먼저 쌓으면 승리하는 게임입니다.

맨손 게임

보드게임이 있을 때는 보드게임을 하면 됩니다. 그러나 아무것도 없는 상황에서 아이는 친구와 함께 있으면 무엇을 해야 할지도 모르겠고 어떻게 해야 하는지도 모를 수 있습니다. 그래서 혼자 괜히 엉뚱한 소리를 하거나 친구와 함께 있지만 끼지 못하고 지루해하는 모습을 보입니다. 그래서 맨손 게임도 몇 개 할 수 있는 게 있다면 아이는 훨씬 또래 관계를 맺는 것을 수월하게 생각할 것입니다. 많이 하는 맨손 게임 소개해 드립니다.

1. 3, 6, 9 게임

1) 먼저 가위바위보를 하고 먼저 할 사람을 정한다.

2) 3, 6, 9 숫자가 나올 때 손뼉을 친다.

3) 아이와 함께 숫자를 소리 내면서 연습한다.

4) 스스로 숫자를 소리 내면서 박수를 치도록 한다.

5) 게임 연습을 하면서 잘 못할 땐 처음부터 다시 진행하고 실수를 했을 때는 아무렇지 않게 잘하고 있다고 격려해 준다.

2. 아이엠 그라운드

1) 아이와 함께 박자 연습을 한다.

2) 아이엠 그라운드 자기(과일, 동물, 음식) 소개하기에 맞춰 이렇게 문제 내는 법과 문제에 대답하는 연습을 해보고 게임을 시작한다.

예) 사과 하나 - □ □ □ 사과, 사과 둘 - □ □ 사과 사과, 사과 셋 - □ 사과 사과 사과, 사과 넷 - 사과 사과 사과 사과

3. 학교에 가면

1) 학교에 가면 무엇이 있는지 이야기 나눈다.

2) "학교에 가면 책상도 있고 책상도 있고, 연필도 있고, …" 이렇게 단어를 연결하면서 표현하는 것이라고 이야기한다.

3) 그렇게 순서대로 단어를 이어가다가, 앞에 단어를 기억하지 못하면 벌칙을 받는 것이라고 설명해 준다.

4) 놀이에서 확장을 하여 백화점에 가면, 바다에 가면 등 다양하게 놀이를 바꾸어서 진행한다.

4. 끝말잇기

1) 단어의 끝소리를 잘 기억해서 말하는 게임이라고 말한다.

2) 예를 들어, 앞사람이 '사자'를 말하면 '자'로 끝났으므로 '자두'라고 연결을 하는 것이며, 단어를 못 찾는 사람이 벌칙을 받는 것이라고 말한다. "사자- 자두- 두더지- 지렁이- 이빨- 빨래"와 같이 연결이 될 수 있다는 것을 길게 알려 주어도 좋다.

5. 빙고 게임

1) 먼저 3X3 빙고 게임부터 진행해 본다.

2) 칸이 있는 종이를 주고 그 칸에 1에서 9까지의 숫자를 쓰게 한다.

3) 한 줄이 다 채워지면 빙고라고 하는데, 3줄(5X5라면 5줄) 빙고가 나오면 "빙고"라고 외치는 게임이라고 알려 준다.

4) 아이와 함께 처음에는 서로의 판을 보고 빙고 게임을 한다.

5) 다음 게임에서는 가리고 게임을 진행한다.

6) 빙고를 일찍 외치는 사람이 이기는 게임이라고 알려준다.

6. 스무고개

1) 가위바위보를 해서 이긴 사람이 사물을 생각한다.

2) 진 사람은 20개의 질문을 하고 이긴 사람은 생각한 사물을

"예" 혹은 "아니요"로만 대답한다.

3) 진 사람이 20개의 질문 중에서 답을 맞추면 이기는 것이고 못 맞추면 지는 것이다.

4) 처음에는 생각하고 있는 단어를 아이에게 보여주고 질문 하기 연습을 하고 다음에는 단어를 가리고 연습을 한다.

7. 쥐잡기 게임

1) "쥐를 잡자 쥐를 잡자 찍찍찍!" 구호를 먼저 알려준다.

2) 아이에게 "5마리!"라고 술래가 외치면 잡았다-놓쳤다를 반복해서 5마리를 잡으면 만세를 불러야 한다고 이야기한다.

3) 만약에 쥐를 다 잡았는데 만세를 외치지 않으면 그 사람이 지는 것이라고 이야기한다.

4) 1마리부터 해서 연습을 하고 점차 2마리, 3마리, 4마리로 늘려간다.

5) 아이가 할 수 있는 수만큼 조절해서 연습을 한다.

8. 배스킨라빈스 31

1) 숫자를 3개씩 부를 수 있다. 사람당 한 번에 1~3개 숫자를 말하는 것이다.

2) 31을 외치게 되는 사람이 지는 게임이다.

3) 아이와 함께 연습을 하면서 숫자 부르기를 하고 31에 걸리면
   벌칙을 받는다.

9. 탕수육 게임

1) 한 사람씩 번갈아 가면서 "탕"-"수"-"육" 글자를 완성한다.
   그 과정에서 자기 순서를 놓치거나 그 글자가 아닌 다른 글자
   를 말하거나 박자를 놓치면 탈락하는 게임이라고 말해준다.
2) 연습게임을 한다. 느린 속도로 먼저 진행하며 손으로 순서를
   알려준다.
3) 연습 후 아이가 이해하면 속도를 높여 실전 게임을 한다.

10. 오목 게임

1) 아이에게 모눈종이와 연필을 준다.
2) 아이에게 똑같은 바둑알 5개를 가로 혹은 세로 혹은 대각선
   으로 먼저 모으는 사람이 이기는 게임이라고 알려준다.
3) 가위바위보로 돌을 놓을 순서를 정하고 시작한다.

#11 내 안의 문제를 사랑스럽게 바라보라

우리는 살아있는 존재 자체로 가치가 있습니다. 살아가면서 아무런 문제도 마주하지 않는다는 건 불가능한 일입니다. 장애 아이를 낳은 것도 내 삶의 운이 안 좋았던 것뿐이지 다른 이유는 없습니다. 크고 작은 문제들이 우리 삶 가운데 찾아오는 것은 당연한 것입니다. 그런데 중요한 것은 그 문제를 내가 어떻게 마주하느냐의 문제입니다.

내 안의 문제를 사랑스럽게 바라보세요. 문제가 처음에는 하나도 예쁘게 보이지 않지만 구석구석 살펴보면 예쁜 구석이 있습니다. 나를 한층 성장시키기도 하고 나를 좀 더 나은 사람으로 변화시키기도 합니다.

내 안에 찾아온 문제를 좀 더 사랑스럽게 바라봐주세요.
그러면 문제도 온순히 내 삶을 잘 지나갈 것입니다.
분명히 다 잘 지나갑니다.

#12 해결해 갈 수 있는 내일이 있음에 감사하다

우리 삶 속에 '문제가 왜 생겼는지' 보다 더 중요한 것은 '문제를 어떻게 해결해 나갈 것인지' 입니다. '해결해 갈 수 있는 내일이 있음에 감사하다.' 라는 마음으로 문제를 바라보세요.

우리에게는 내일이 있기에 오늘이라는 시간을 소망 가운데 보낼 수 있습니다. 주어진 오늘을 살아가세요. 흘러가는 시간을 잡지 말고 지금 현재, 따스한 햇볕, 따뜻한 커피 한잔, 좋은 노래 한 곡, 바람결, 샴푸 향기 이 모든 감각들 안에서 나의 행복 요소를 찾으세요. 그렇게 하루하루를 살아내다 보면 내 삶의 문제도 잘 흘러가고 있음에 감사할 수 있습니다.

아무리 험한 세상이라도 나를 상하게도 아프게도 하지 못합니다.
모든 시간은 나에게 주어진 선물입니다.

#13 일단 사세요 죽지 말고 사세요

삶이라는 고비고비를 넘어가다 보면 해결해 나아갈 수 있는 슬픔도 있지만 내 힘으로 해결이 되지 않은 슬픔도 맞이하게 됩니다. 괜찮다는 말로 위로되지 않는 슬픔이 찾아옵니다.

그럴 때는 "괜찮아."라는 말과 문제를 해결해 주려는 말보다 그냥 온전히 나를 이해하고 위로해 주는 것이 더 도움이 될 때가 있습니다. "너 참 힘들구나…. 많이 아팠구나…. 어떤 말도 위로가 되지 않을 정도로 슬프겠구나." "괜찮아, 슬퍼하고 아파해도 괜찮아. 그 슬픔도 잘 지나갈 거야."

일단 사세요, 죽지 말고 사세요. 일단 살고 난 후, 의미와 재미는 찾아가면 되는 거예요. 지금의 모습 그대로 소중하고 충분해요. 그냥 하루하루 살아가다 보면 나를 아프게 하는 안 좋은 것들도 있겠지만 나를 살아가게 하는 좋은 것도 많이 있음을 깨닫게 되는 날이 옵니다.

내가 없으면 이 세상에 무엇 하나 의미가 없습니다. 일단 사세요, 죽지 말고 살아내세요….

#14 행복도 연습이 필요하다

행복한 삶을 만드는 것은 타인이 아닌 나의 마음가짐입니다. 어쩌면 우리 삶 속의 힘들고 불행한 시간은 행복도 연습이 필요하다는 것을 깨닫기 위해 주어지는 것이 아닐까요.

삶 속에 수많은 좋은 일들을 만나도 한 가지 마음 아픈 일에 무너지는 것이 연약한 우리입니다. 그러나 열 가지 아픈 기억 속에서도 한 가지 좋은 기억으로 인해 살아가는 것 또한 우리입니다. 아이와 함께 일상을 살아가면서 기꺼이 내 삶의 행복을 찾아내고 그 행복을 캐내어 가는 삶. 내 삶 속의 많은 흔적이 다른 누군가에겐 위로와 공감을 해 줄 수 있는 삶. 그러한 삶이 되어가고 있음이 감사합니다. 그것만으로도 특별하고 의미 있는 삶입니다.

#15 모든 일에는 때가 있다

장애 아이를 키우는 것은 큰 항아리에 물을 채우는 것과 같습니다. 불투명한 항아리에 물을 채우는데 얼마나 그 물이 채워지고 있는지 보이지가 않아서 밑 빠진 독에 물을 붓고 있다는 느낌이 듭니다. 물이 차는지 안차는지 보려고 고개를 기웃거려도 어떨 땐 어느 정도 찬 것 같다가도 어떨 때 보면 늘 차지 않고 비어 있는 듯합니다.

모든 일에는 때가 있습니다. 항아리에 물이 가득히 차서 때가 되면 항아리에서 물이 흘러나오는 것처럼 물이 넘치는 시기는 꼭 옵니다. 내가 그렇게 믿으면 그렇게 되는 것입니다.

때를 따라 아름답게 바뀌는 계절처럼 이 아이와 지내는 시간도 계절과 같습니다. 예쁜 꽃이 피는 봄일 때도 있고 뜨거운 여름일 때도 있습니다. 또 알록달록 단풍이 물드는 가을일 때도 있고 매서운 바람과 추위가 가득한 겨울일 때도 있습니다. 하지만 어느 계절이든 그 시기는 잘 흘러갑니다.

때를 기다리며 오늘도 항아리에 물을 가득가득 채워봅시다.
오늘 다 채우지 않아도 됩니다.
절대 우리 아이들은 밑 빠진 독이 아닙니다.
모든 손길을 응원 삼아 조금씩 채워지고 있는 중입니다.

chapter 4

청소년기에 접어든
우리 아이

1

사춘기에 대처하는 자세

청소년기를 맞이하는 우리 아이들은 또래 친구들과 같으면서도 다른 시기를 보냅니다. 또래 친구들처럼 사춘기에 신체적, 정신적인 변화를 경험합니다. 이성 친구에게 관심을 가지고 서로의 다름을 알게 됩니다. 또한 자아정체성이 형성되고, 부모로부터 분리되어 친구들과 상호작용을 하게 됩니다. 그러나 친구들의 편견과 자신의 장애를 이해하고 받아들이는 것에 따른 심리적 갈등으로 인해 자아가 잘 형성되지 못하기도 하고, 친구들과 우정을 만들어 가는데 좌절을 경험하기도 합니다.

우리 아이들이 사회에 적응하는 데 큰 영향을 미치는 것들이 있습니다. 첫째는 자신의 장애를 긍정적으로 받아들이고 수용하는 태도입니다. 아이가 자신을 이해하고 사랑할 수 있도록 도와주어야 합니다. 그 다음으로는 가족들의 지지와 사랑입니다. 가족은 아이들에게 가장 좋은 조력자가 되어주어야 합니다. 어떤 상황에서

144

도 돌아갈 가정이 있고 또 지켜줄 가족이 있다는 사실만으로도 큰 힘이 됩니다. 이 힘을 받은 아이는 어떤 실수도 이겨낼 수 있는 아이로 자라게 됩니다. 그리고 마지막으로는 타인으로부터의 사랑, 이해, 신뢰, 관심 등을 받는 정서적 지지와 칭찬, 인정을 받는 평가적 지지입니다. 그것 또한 가정과 주변에서부터 시작됩니다.

① 따돌림당하는 우리 아이

안타까운 일입니다만, 우리 아이들은 인지와 사회성 부족으로 인해 또래 친구들에게 따돌림을 당하는 경우가 많습니다. 눈치 없다고 평가되기도 하고, 친구들의 선입견으로 어울리는 데 어려움이 있으며, 때로는 따돌림을 당하는 경우도 많습니다. 그럼, 우리 아이 어떻게 도와줘야 할까요?

먼저 남의 주의를 끌거나 튀는 행동을 자제할 수 있도록 알려주어야 합니다. 아이들의 눈에 독특하거나 조금 다른 행동들은 주변 친구들의 이목을 집중시킬 수 있기에 주의가 필요합니다. 대신 아이가 다른 사람들과의 관계에서 예의를 지키고, 적절한 대화를 나누며, 감정을 표현하는 방법을 알려주세요.

괴롭히는 아이들은 피해야 합니다. 때로는 이유 없이 다른 아이들을 괴롭히는 친구들이 있는데, 이런 친구들이 오히려 또래들 사이에서 인기가 있거나 재미있어 보여서 우리 아이들이 그들 근처에 머물며 친구가 되려 할 수 있습니다. 그러나 이런 행동은 오히려 더 큰 괴롭힘의 대상이 될 수 있기 때문에 주의가 필요합니다.

이와 같은 상황에서는 긍정적인 친구 관계를 형성하도록 돕는 것이 중요합니다. 부모님은 아이가 친절하고 긍정적인 친구들과 어울릴 수 있도록 격려하고, 이러한 관계 속에서 자신감을 키울 수 있도록 지원해야 합니다. 또한, 아이에게 좋은 친구의 특성과 건전한 사회적 상호작용에 대해 가르쳐 주어, 부정적인 영향을 주는 친구들로부터 자연스럽게 멀어질 수 있도록 지도하는 것이 필요합니다. 이를 통해 아이는 건강한 대인 관계를 형성하고, 자신을 보호하는 방법을 배울 수 있습니다.

또한 혼자 있지 않아야 합니다. 혼자 있다 보면 무방비 상태에 노출이 되고 그러다 보면 아이가 스스로 자신을 방어 하지 못하게 됩니다. 그런 상황이 반복되면 아이도 힘든 상황에 이르게 됩니다. 그래서 다른 사람들과 함께 어울리도록 해야 합니다.

자신의 생각을 잘 전달하는 아이가 있는 반면, 그런 표현들이 서툴고 잘 못하는 아이들도 있습니다. 혹은 따돌림을 당하는 것이 부끄러워 말을 못 하기도 합니다. 그럴 때는 아이에게 친구들에게 괴롭힘이나 따돌림을 당하는 것을 부끄러워하지 않고 이야기할 수 있도록 환경을 만들어주는 것이 중요합니다. 부모와의 소통 강화를 통해 아이가 겪는 어려움을 부모가 이해하고 적극적으로 지원해 주세요. 부모가 아이의 감정과 경험을 공감하고, 필요한 지원을 제공함으로써 아이는 안정감을 느끼게 될 것입니다.

② 소문, 험담의 주인공이 된 우리 아이

우리 아이가 소문과 험담의 주인공이 되면 너무 속상합니다. 그리고 그 소문에 대해 사실이 아님을 입증하는 것은 쉽지 않습니다. 우리는 소문, 험담에 직접적으로 반응하기보다 그러한 소문을 믿는 사람이 있다는 것이 이상하다는 반응으로 소문을 만든 사람에 대한 신뢰가 떨어지도록 해야 합니다.

최근에도 이러한 어려움으로 고민을 나누신 부모님이 계십니다. 우리 아이의 행동을 오해하고 친구 중 한 명이 괴롭히자 다른 아이들도 필통을 뺏고 거칠게 행동을 하였습니다. 또한 감정 표현이 서툴다는 것을 알고 함부로 대하였습니다. 부모님도 아이가 학교에서 눈에 띄는 것을 원치 않아 그냥 참고 먼저 시비를 걸지 말라고 이야기하였지만 아이는 점점 아무도 자신을 도와주지 않는다는 생각에 힘들어하였습니다. 어느 날, 아이의 몸에 난 상처를 보시고 지켜주지 못했다는 미안함과 죄책감으로 속상해하셨지요.

우리 아이들은 표현과 소통에 능숙하지 않습니다. 그렇기에 아이가 자신의 이야기를 할 때 귀를 기울여 주셔야 합니다. 아이의 작은 메시지에도 반응하고 표현이 어려운 경우에는 그림이나 대체할 수 있는 의사소통 수단, 몸짓 언어를 통해서 아이가 자신의 의사를 전달할 수 있도록 도움을 주는 것이 중요합니다. 그래서 이 아이는 사람들이 늘 보호하고 있고, 함부로 대할 수 있는 대상이 아니라는 것을 사회적으로 알도록 도와주는 것이 중요합니다. 아이가 학교 폭력이나 괴롭힘의 대상이 되었을 때는 아이의 감정, 있었던 일들 이런 부분에 대해서 일기 쓰기, 만화 그리기를 통해서 기록해 놓는 것도 좋은 방법입니다.

소문과 험담의 대상이 되었을 때는 어떻게 해야 할까요? 먼저, 화가 났다는 것을 드러내지 않고, 무관심하게 행동해야 합니다. 화를 내면 사람들은 그 소문에 대해서 인정하는 것과 같고 또 나를 더 당황스러운 상황에 놓이게 하려고 할 수 있습니다. 그리고 그 소문을 낸 아이와 부딪히지 않아야 합니다. 직면하다 보면 불화가 더욱 커질 수 있고 소문을 낸 아이는 자신의 행동에 대해 맞다고 설득을 시키려고 더 많은 이야기를 꾸며내어 우리 아이를 괴롭힐 수 있습니다.

소문을 믿는 사람이 이상하다는 식으로 반응합니다. 그러면 소문을 낸 당사자는 당황스러워할 것이고 사람들 사이에서의 평판도 안 좋아집니다. 우리 아이를 믿어주는 주변 친구와 부모님들에게 사실을 말하며 아이와 가정이 난처한 상황에 놓였음을 알리고 그런 상황에서 벗어나도록 도움을 청해야 합니다.

❸ 청소년이 된 우리 아이들에게 필요한 사회 기술

아이가 청소년이 되면 최대한 본인 스스로 자립할 수 있도록 도와주어야 합니다. 적절한 의사 표현으로 자신의 필요를 요구하거나 특정 어려운 상황에 처했을 때 벗어날 수 있도록 도와주어야 합니다. 그래서 아이들에게 일상 안에서 올바른 표현 방법들을 가르쳐 주는 것이 필요합니다. 원하는 것을 요구하거나 벗어나고 싶은 상황일 때는 포인팅이나 예/아니요 제스처나 언어로 표현을 하게 합니다. 그리고 아이들이 생활 안에서 심부름, 지시 수행하기, 물건 건네주기를 하면서 수용 언어를 높여 줍니다.

아이가 스스로 하는 게 많이 없다면 생활 기술을 알려주어야 합니다. 컵으로 음료수 마시기, 수저 사용하기, 옷 갈아입기, 목욕하기, 신발 신고 벗기 등 자조 기술을 도와주어야 합니다.

사회적 기능이 좋은 아이들은 사회 적응을 위한 목표 행동 연습을 하여야 합니다. 편의점에서 물건 사기, 인터넷, 핸드폰으로 길 찾기, 대중교통 이용하기, 돈의 개념 익히기, 키오스크 사용하기, 티켓 예매하기 등이 있습니다. 예를 들어, 편의점에서 물건 사기 과제를 수행하려면 순서화해서 알려 줄 수 있습니다. 그리고 각 순서마다 필요한 수행들을 실행하고 습득할 수 있도록 연습해야 합니다.

1. 편의점 찾아가기

2. 편의점에 들어가기

3. 필요한 물건 고르기

4. 직원과 적절한 의사소통을 하고 계산하기

5. 물건 구입 후 다시 집에 돌아오기

2

장애 오픈 하기

청소년기를 맞이하는 우리 아이들은 자신이 친구들과 다름을 느끼는 시기가 옵니다. 이때 아이들은 부모님에게 질문하기도 하고 스스로 찾아보며 궁금해하기도 합니다.

인천대학교 사회복지학과 박사 과정을 수료한 원영미 박사의 칼럼 '나는 왜 장애가 있어요?'에 따르면, 아이들은 4~5세부터 자신과 타인의 차이점을 인식하기 시작한다고 합니다. 이 시기를 전조작기라고 부르며, 발달 수준과 관계없이 모든 아이에게 동일하게 나타나는 현상입니다. 따라서 장애가 있는 아이들도 자신에게 장애가 있는 이유를 궁금해할 수 있습니다. 예를 들어, "나는 왜 장애가 있어요?"라는 질문을 할 수 있습니다. 부모님들은 이러한 질문에 당황하거나 제대로 설명하지 못하는 경우가 많지만, 아이가 스스로 질문하고 이해할 수 있는 나이가 되면 적절한 설명을 해 주어야 합니다.

장애에 대한 설명 없이 아이가 해야 하는 것들, 예를 들어 열심히 치료하고 재활하는 것만 요구한다면, 아이는 무력감을 느낄 수 있습니다. 아무리 열심히 해도 자신의 모습이 남들과 다르기 때문이지요. 따라서 아이와 장애가 무엇인지, 어떤 점이 다른지에 대해 솔직하게 이야기하는 일은 무척 중요합니다. 이를 통해 아이 또한 부모님을 신뢰하게 됩니다.

3

성교육

장애 아이들의 성에 대한 많은 오해가 있습니다. 장애 아이들이 성에 갈망이 없거나 결핍되었다는 것입니다. 전혀 아닙니다. 장애 청소년 중 75%는 성에 관심이 있으며 성적인 행동을 합니다. 성적 느낌, 갈망, 다양한 감정과 욕구를 가지고 있습니다. 그러므로 성에 대해 갈망이 없거나 결핍되었다는 오해를 진실로 받아들여, 충분하고 적절한 성교육을 제공하지 못하면 성희생자가 될 위험이 비장애 아이들에 비해 4~10배 더 높습니다.

① 장애 아이의 성교육

청소년기를 맞이하는 우리 아이들은 성에 대한 올바른 지식과 이해가 상대적으로 부족하여서 감정을 적절하게 표현하지 못합니다. 또한 우리 아이들에게 성교육을 제공하는 것은 지적 능력과 사회적 능력의 어려움으로 인해 쉽지 않은 일이기도 합니다.

② 성교육을 해야 하는 이유

우리 아이들은 자신의 몸에 대한 기초적 지식조차 가지고 있지 않습니다. 자연스러운 호기심과 질문에 대답을 해주는 사람들도 많지 않습니다. 비장애 또래와 똑같은 성호르몬과 느낌, 욕구를 갖고 있지만 인지와 사회적 취약성으로 인해 성폭력 피해와 성범죄 위험에 많이 노출되고 있습니다. 자신의 몸 보호에 대한 기본 지식을 제공하며 타인의 감정과 사회적 규칙을 알게 해 주어야 합니다. 이렇게 성교육을 받은 장애 청소년들은 그렇지 않은 친구들보다 사람들에게 더 잘 수용되기 쉽습니다.

그러면 언제, 어디서, 어떻게 성교육을 시작해야 할까요? 우리 아이가 관심을 보이기 시작하는 때 알려주며, 장소는 가정이 가장 좋습니다. 가정 내 편안한 상황에서 알려줍니다. 그리고 자신의 몸과 기능에 대한 기초적 사실을 알려줍니다. 자기 몸에 대한 주인 의식을 가지고 자신의 몸을 탐색하는 것이 가능한 때와 장소, 방법에 대해서 알려줍니다. 그리고 나의 몸은 함부로 누구도 만질 수 없고 소중한 생명을 잉태할 수 있는 몸이라는 것을 알려줍니다.

③ 진로 선택

고등학교를 졸업하면 진로를 선택해야 하는 기로에 놓이게 됩니다. 고등학교 졸업 후 바로 진로를 선택하거나 취업을 하게 되면 아이들은 우울해지고 힘들어하는 경우가 있습니다. 그렇기에 아이의 의사를 물어가면서 천천히 진행하는 것이 필요합니다.

특수학교에 다니는 경우에는 전공반에 진학하여 취업 준비로 학업을 연장할 수 있고, 일반 대학교나 대안학교에 진학할 수도 있습니다. 정상 지능이거나 경증 장애 아이들은 일반 대학교에 진학 했지만 대인관계, 학업의 어려움으로 인해 학업을 끝까지 마치지 못하는 경우도 있기에 대학 상담실이나 학업지원센터를 이용해서 아이가 학업을 잘 마무리할 수 있도록 도움을 주는 것이 필요하고 학과 선택도 아이가 잘할 수 있는 것으로 선택하는 것이 좋습니다.

중증 장애 아이들은 복지관이나 보호 작업장, 사회적 기업에서 일하는 경우가 있습니다. 장애인 고용 촉진 공단의 취업 준비 프로그램을 이용하면 도움을 많이 받으실 수 있습니다. 취업을 하려면 취업에 대한 의지, 대중교통을 타고 출퇴근할 수 있는 일상생활 기술, 가위질, 청소와 같은 작업 수행능력, 대인관계를 위한 감정조절 능력이 필요합니다.

아이가 어디에 소질이 있는지 직업평가를 받을 수 있는 곳을 소개해 드립니다.

장애인 복지관, 한국장애인개발원 직업평가 센터, 한국장애인고용공단 지역 본부 및 지사가 있습니다. 직업 훈련을 받을 수 있는 곳은 한국장애인고용공단을 통해 정보를 얻을 수 있습니다. 기술을 배우고 직업을 소개해 주며 직접 재활을 받을 수 있는 곳은 장애인 직업 적응훈련 시설, 장애인 보호작업장, 장애인 근로작업장이 있습니다.

우리 아이들도 꿈을 꿀 수 있고, 그 꿈은 이루어집니다. 가는 길이 고되기도 하고 아무리 걸어가도 제자리걸음만 하는 것 같아 낙심될 때도 많겠지만 희망과 용기를 주는 단 한 명의 사람이 있다면 그것만으로도 우리 아이들은 행복한 삶을 살아갈 수 있습니다.

❹ 성인기 전환을 위한 준비

성인기 전환을 앞두고 성공적으로 사회에 적응하기 위해서는 독립할 수 있도록 격려합니다. 그리고 격려하려면 부모가 그런 마음의 준비를 먼저 시작해야 합니다. 그러기 위해서는 자기관리, 동료 관계, 자기주장, 순응 기술을 익히고 고등교육 기관으로의 진학 및 취업 등을 준비해야 합니다.

독립생활을 위한 준비는 가정에서 일상생활 훈련으로 가사일을 해보고, 대중교통 이용, 마트 이용, 자조 기술을 익히고 경험해 보는 것이 좋습니다. 그리고 지역사회 안에서 장애인복지관 외에 문화센터, 청소년수련원, 공공도서관 등 성인기에도 문화 여가생활을 누릴 수 있도록 알려줍니다. 마지막으로 건강을 위한 운동, 친구들과 친목 모임, 취미를 위한 여가생활을 하고, 성인기에 정기적으로 만날 수 있는 모임을 찾아보는 것도 중요합니다.

성인기로 전환하기 위해서 부모님은 이제 내 품의 아이가 아닌 세상 속의 아이로 자랄 수 있도록 마음의 준비를 하셔야 합니다. 사회라는 바다에 아이가 머물다 보면 여러 가지 겪게 되는 많은 어려움이 있겠지만 배워가는 한 과정으로 여기시고 이해와 사랑으로 보듬어 주시는 것이 중요합니다. 사랑하는 우리 아이가 벌써 이렇게 자라가고 있습니다.

HELLEN's Letter

#16 과장된 두려움을 이겨내라

장애 아이를 키우다 보면 현실보다 더 큰 두려움이 내 삶에 엄습해 올 때가 있습니다. 그러한 심리적인 부담감과 걱정으로 우울증, 공황장애를 겪는 분들을 많이 뵙곤 합니다.

그 두려움은 내 안에서 나를 갉아먹는 과장된 두려움입니다. 그런 과장된 두려움은 내 생각을 마비시키고 무슨 일이 일어날지 모르는 현실 속에서 나를 자꾸 웅크리게 합니다.

그 두려움을 이겨내세요. 지금도 충분히 괜찮습니다. 아무 일도 일어나지 않습니다. 지금의 내 삶이 불행해지거나 행복과는 거리가 먼 삶을 살아가는 것이 결코 아닙니다. 분명 힘든 일도 우리에게 일어나겠지만 그 힘듦이 우리의 마음의 소리가 속삭이듯이 그렇게 파괴적이거나 불행하지 않을 수 있습니다.

두려움은 내가 빛 가운데로 나올 때 사라집니다. 그리고 그 두려움을 직면할 때 두려움의 존재는 작아집니다.

지금도 충분히 괜찮습니다. 아무 일도 일어나지 않으니 과장된 두려움을 이겨내십시오.

#17 세상을 용서하세요

삶 속에서 마주하는 여러 문제 중에서 가장 깊은 상처와 아픔을 주는 사건은 장애 아이를 낳았다는 것이 될 수 있습니다. 열 달을 기대하고 설레며 품었던 나의 아이가 장애라는 것은 너무 받아들이기 힘든 슬픔입니다.

세상이 원망스럽고, 왜 나에게만 이런 일이 일어났는지 이해되지 않고 속상하고 슬픈 마음 그 이상으로 분노의 감정으로 살아가게 됩니다. 내가 많은 것을 바란 것도 아니고 평범하고 건강한 아이를 만나는 것을 소망했을 뿐인데 그것조차 마음대로 되지 않은 그 심정을 누가 이해할 수 있을까요.

내가 내 아이의 성장과 발전을 기대한다면 먼저 세상을 용서하셔야 합니다. 세상을 용서하셔야 내 삶의 다음 페이지에서 아이의 성장과 발전을 기대하며 힘을 낼 수 있습니다.

이 아이를 통해 내가 삶을 좀 더 겸허하고 겸손하게 살아갈 수 있음에, 이 아이를 통해 진정한 부모의 사랑을 깨달을 수 있음에 집중해보세요.

세상을 용서하고 바라볼 때, 용서 뒤에 가려진 내 삶의 빛을 바라볼 수 있습니다.

#18 괜찮다 괜찮다 지금도 충분히 괜찮다

가정의 기쁨과 행복은 아이의 장애 유무와는 상관이 없는 듯 보입니다. 어떤 가정은 아이가 심한 장애임에도 불구하고 너무 화목하고 기쁨이 가득한 가정이 있습니다. 어떤 가정은 아이가 언어 표현도 잘하고 학습 능력도 좋지만 슬픔과 상처가 가득한 가정도 있습니다.

처음 아이의 장애를 마주할 때는 "우리 아이가 이 정도만 한다면 걱정이 없을 텐데…. 내가 남편, 아내와도 잘 지낼 수 있고 우리 가족에 어떤 문제도 없을 텐데…."라고 말씀하는 분들도 많이 계십니다. 물론 아이가 장애가 있다면 조금 불편할 수 있습니다. 또한 다른 가정이 겪지 않는 고난을 겪어내야 함이 힘들 때도 있겠지요.

어느 TV 프로그램에서 장애아를 가진 부모님의 한 인터뷰가 가슴에 와 닿았습니다. 아내가 남편에게 이렇게 말합니다. "나의 가장 큰 행운은 당신 같은 사람과 한 팀이 되었다는 거예요." 이 마음이 가정의 기쁨과 행복의 첫걸음이라고 생각했습니다.

사랑하는 아내, 남편은 나의 어려움과 힘듦을 함께 겪고 있는 너무나 귀한 사람입니다. 그 사람 때문이 아니라 그 사람 덕분에 나의 삶이 큰 행운임을 고백하는 하루를 보내시길 바랍니다.

#19 버티고 견디지 말고 즐거워하자

세상을 살아가는 힘은 소유의 많고 적음에 달리지 않은 것 같습니다. 많은 재산을 가지고, 자식을 보란 듯이 잘 키우고, 좋은 집에 살며, 좋은 차를 타고 다니는 삶은 편리할 수 있고, 외적인 충족도 얻을 수 있습니다. 하지만 우리에게 생긴 슬픔의 깊이를 치유해 주고, 오늘 살아갈 힘을 더해 주지는 않습니다.

힘든 세상, 버티고 견디지 말고 즐기세요. 과거를 잘 흘려보내지 못하고 자꾸 돌이켜보는 것은 나를 책망하는 마음 때문이라고 합니다. '내가 그때 그런 생각을 하지 않았다면…' '내가 그때 그런 선택을 하지 않았다면…' 지나온 시간을 내 탓으로 돌리면 세상의 짐은 더욱 무겁고 아프게만 느껴집니다.

그 당시의 선택과 결정은 최선이었습니다.
그때의 나를 사랑해 주어야 지금의 삶을 즐거워할 수 있습니다.

견디고 버티는 마음은 어느 순간 대나무가 뚝 부러지듯 부러질 수 있습니다. 지금 현재를 즐거워하면 모든 것이 잘 흘러갑니다. 흘러가는 시간 속에 최선을 다해 살아가며 나와 내 아이를 맡겨보세요. 나는 즐거워하기만 하면 됩니다.

#20 실패가 실패했다

이영표 선수에게 기자가 질문을 했다고 합니다.

"어떻게 국가대표 시절에 그렇게 슬럼프 한 번 없이 그 시기를 보내셨나요?"

그러자 이영표 선수는 "실패가 실패했습니다."라고 말했다고 합니다.

우리 인생에도 수많은 실패를 경험합니다. 어찌 보면 장애 아이를 낳는 것이 내 인생에서 실패 중 최고의 실패로 여겨질 때도 많이 있을 것입니다. 그런데 우리는 그 실패를 실패하게 만드는 인생을 살아가면 됩니다. 누군가가 모두 실패라고 외쳐도 그 실패를 실패하게 만드는 인생을 살아가면 됩니다.

어느 누구도 다른 누군가의 인생을 단정 지을 수 없습니다. 세종대왕도 후천적 시각장애를 앓았고, 베토벤 역시 청각장애가 있었으며 아인슈타인, 빌게이츠는 어릴 적 ADHD를 진단 받았으나 적극적으로 치료하여 조기 치료의 중요성을 보여주는 좋은 역할을 하고 있습니다.

인생은 끝날 때까지 끝난 것이 아닙니다. 어떤 삶이 우리에게 펼쳐질지는 아무도 알 수 없습니다. 그러니 실패가 실패하는 삶을 살아가세요.

chapter 5

사회의 일원이 될
아이

우리 아이가 성인이 되면 부모의 노년기도 함께 다가옵니다. 이 시기에 부모님은 아이를 돌볼 수 있는 능력이 현저하게 떨어지고 아이들은 집안에서 무료하게 시간을 보내거나 방치될 수 있습니다. 그렇기에 이 시간을 어떻게 의미 있게 보낼지 고민해야 합니다. 그래야 아이와 부모 모두 삶의 질이 달라집니다. 또한 낮 시간을 효율적으로 보내면 삶의 경험이 확장되어 도전 행동도 감소하고, 주변 환경과 상호작용도 증가하므로 건강에도 긍정적인 영향을 줍니다.

중증 성인이 된 아이들은 가족과 함께 생활을 하면서 주간보호센터, 복지관, 사회복지기관에서 운영하는 프로그램, 장애인 거주 시설에 입소하는 경우가 많습니다. 이번엔 그 부분에 대해서 함께 이야기해 보겠습니다.

1

주간 활동 프로그램

우리나라에서는 만 18세 이상 만 65세 미만의 장애인에게 낮 시간에 본인이 원하는 지역사회 기반 활동에 참여함으로써 '의미 있는 하루, 바람직한 하루'를 보낼 수 있도록 주간 활동 프로그램을 운영하고 있습니다. 이를 통해 장애인의 자립 생활을 지원하고 사회 참여를 증진시켜 삶의 질을 향상하는 것입니다. 주간 활동 제공 기관은 2~3명으로 구성된 1개 그룹을 담당하는 담임제를 원칙으로 프로그램을 진행하고 있으며, 1인 집중지원서비스 대상자에 부합하면 혼자서도 가능합니다. 이때 1인 집중지원서비스를 받으려면, 이용자 선정 조사표를 통해 '도전적 행동 정도' 점수가 1점 이상이면서, 중복 장애가 있거나 혼자서 신변처리가 곤란하다는 기준을 충족해야 합니다. 아이의 장애 정도에 따라서 지원받으실 수 있는 서비스를 신청하면 됩니다.

때때로 부모님들은 성인기 아이의 생활을 '창살 없는 감옥'이라고 비유하기도 합니다. 그 정도로 부모님들이 육체적으로 많이 지치게 되어 내 아이에게 충분한 지원을 해주지 못한다는 자책에 휩싸이기도 합니다. 이럴 때일수록 도움을 받으면 부모님들도 훨씬 윤택한 삶을 그리며 살아갈 수 있지 않을까요? 저는 그런 바람이 있습니다.

보건복지부 2023년 장애인 활동 서비스 사업안내
(주간활동 프로그램의 예시)

참여형

➡ 자조모임: 티타임, 동아리, 독서모임 등

➡ 산책, 걷기, 수영, 등산, 요가, 볼링, 탁구, 농구 등 건강증진활동

➡ 직장 탐방, 캠프, 여행

➡ 교육(일상생활 자립, 권리, 성인권 및 안전 교육 등)

➡ (문화관람) 연극 및 영화 관람, 미술관 및 박물관 이용 등

창의형

➡ 자조모임: 목적이 있는 특정 활동의 기획 회의, 계획, 수행 등

➡ 음악 활동: 악기 연주, 노래 부르기, 중창이나 합창, 난타

➡ 미술 활동: 그림그리기, 작품 감상, 한지 공예 작품 만들기

➡ 바리스타 교육, 가드너, 제과제빵, 양초 공예 등

➡ (도예) 흙으로 생각 표현, 창작품 만들기, 생활도자기 만들기

➡ (사진 찍기) 카메라 관리, 사진 찍기, 사진 인화 방법

➡ (공예품 만들기) 목공예, 비누공예 등

➡ 기타 제반 창작활동

보건복지부 2023년 장애인 1인 집중지원 서비스 프로그램의 예시

일상생활 프로그램

➡ 위생 관리: 착 탈의 기술, 계절에 맞는 옷 입기, 손 씻기, 청소하기, 마스크 이용법 숙지 및 착용하기, 세탁기 이용하기, 설거지하기 등

➡ 간단한 조리하기: 계란 프라이 하기, 라면 끓이기, 커피 끓이기 등

➡ 화장실 기술: 이 닦기, 물로 헹구기, 머리 감기 등

➡ 핸드폰 사용하기: 핸드폰으로 음악 감상하기, 어플 다운 및 사용하기, 핸드폰으로 지하철 노선 찾기 등

여가활용 프로그램

➡ 영화 관람하기, 공원 산책하기, 노래방 가기, 대중교통 이용하기

➡ 바리스타 교육, 제과제빵, 공예 프로그램 참여

➡ 음악 활동: 악기 연주, 노래 부르기, 난타 배우기 등

➡ 미술 활동: 그림그리기, 미술관에서 작품 감상하기 등

➡ 취미 활동: 사진 찍기, 볼링장 이용하기, 등산가기 등

지역사회 기술 프로그램

➡ 패스트푸드점 방문하여 자신이 원하는 햄버거 선택하여 먹기

➡ 자신이 보고 싶은 영화 선택하여 예매하기

➡ 편의점에 가서 자신이 원하는 제품 선택하여 계산하기

➡ 은행에 가서 번호표 뽑고 통장 만들기

➡ 목적지까지 대중교통 이용하여 이동하기

의사소통 프로그램

➡ 핸드폰 사용하기: 부모님에게 문자 메시지 보내기, 친구에게 다이얼 눌러서 통화하기, 핸드폰 게임하기, 배달 앱 이용하여 음식 주문하기

➡ 구어로 표현하기 어려운 이용자: 그림으로 선택하여 의사 표현하기, 손가락으로 가리켜 의사소통하기 등

2

취업 준비하기

중증 성인이 된 아이들의 경우에는 주간 활동 프로그램을 이용하지만 경증 성인이 된 아이들의 부모님들은 우리 아이가 취업을 해서 스스로 생활을 유지해 나가며 자립해서 살아가길 원합니다. 데이터를 보면 성인 장애인들은 고등학교 졸업 이후 진학이나 취업 성과가 비장애인보다 훨씬 낮게 나타납니다. 그리고 취업을 해서도 도전 행동들과 적응에 어려움으로 인해서 꾸준히 직장 생활을 유지하는 것에 어려움을 보입니다. 성인이 된 아이들은 어떻게 진로와 적성을 찾아서 일자리를 구해야 할까요?

① 진로 및 적성 탐색

어렸을 때부터 아이마다 잘하는 장점이 하나씩은 꼭 있습니다. 청소를 잘하는 아이, 자동차를 좋아하는 아이, 도로 교통 표지판을 잘 외우는 아이, 그림을 잘 그리는 아이, 운동을 잘하는 아이 등 장애가 있다고 해서 모든 것을 잘 못하는 것은 아닙니다. 어린 시절부터 아이의 장점을 꾸준히 찾아주다 보면 아이가 잘할 수 있는 것이 무엇인지에 관심을 가지게 됩니다. 정말 사사롭게 넘길 수 있는 착한 성격 또한 어떤 그룹에서든 어울릴 수 있는 기반이 됩니다.

아이의 장점을 끊임없이 찾아주세요. 부모의 소망과 기대가 이 아이를 살립니다. 청소년기에 진로에 관심을 두고 고민을 했다면 성인이 되어 진학이나 취업 방향을 소신 있게 찾을 수 있습니다. 일반적인 청소년기 진로 체험 정보는 커리어넷이나 한국잡월드를 이용할 수 있습니다. 또한 온라인 직업 검사를 통해 자신의 적성과 장점, 보완할 점을 알아가는 과정도 유익한 도움을 줍니다. 진로에 대해 충분히 이야기를 나누고 방향을 설정해 나가야 합니다.

당장 흥미로운 직업, 인기 있는 진로에 관심을 두기보다는 직업은 먼 미래를 포함하는 선택이므로 사회의 변화와 당사자의 가능성을 고려해야 합니다. 부모님들이 아이와 장점을 찾고, 이야기를 나눕니다. 부모님들이 직업을 선택할 당시 어렸을 때 생각했던 직업의 방향과 이후의 실제 직업 선택의 차이가 어떤지 이야기를 합니다. 또한 관심 분야의 직업인을 주변에서 만날 수 있도록 돕는 것도 유익한 방법입니다.

❷ 직업 교육

우리나라는 '장애인 등을 위한 특수교육법'에서 전환과 관련하여 중학교 과정 이상의 각 학교에서 특수교육대상자의 특성 및 요구에 따른 진로 및 직업 교육을 지원하기 위하여 직업 평가, 직업교육, 고용지원, 사후관리 등의 직업재활 훈련 및 일상생활 적응훈련, 사회적응 훈련 등의 자립생활 훈련을 시행하고 진로 및 직업교육을 담당하는 전문 인력을 두고 시설, 설비를 마련하도록 하고 있습니다. 특수교육기관에는 고등학교 과정을 졸업한 특수교육대상자에게 진로 및 직업교육을 제공하기 위하여 수업을 연간 1년 이상의 전공과를 설치, 운영할 수 있다는 조항에 근거하여 전공과가 설치되어 있습니다.

진로 및 직업 교육은 단지 직장을 안내하는 과정이 아니라 직업생활의 개념을 이해하고 직업인이 되기 위해 준비하며 구체적인 직업기능을 익히는 과정이 단계별로 포함됩니다. 아이는 진로 및 직업 교육을 통하여 자조 기술의 중요성을 익히고 스스로 경제적 독립을 이루기 위해 취업을 해야 한다는 개념도 배우게 될 것입니다. 아이의 흥미와 장점에 맞는 직업을 찾을 수 있으려면 직업체험 교육에 관심을 두시고 어떤 곳을 가게 되는지 묻고 다녀온 후에는 방문한 곳에 대한 인상이 어떠했는지, 앞으로 그 직업을 가지고 싶은지 물어볼 수 있습니다. 직장 생활에는 회사까지 이동하기, 작업 지시를 이해하고 수행하기, 동료와 의사소통하고 잘 지내기 등 다양한 목표가 포함되므로 일상생활 훈련과 사회적 기술 훈련 등을 가정에서 함께 준비해 나간다면 아이의 성인기 준비에 큰 도움이 될 것입니다.

❸ 취업 지원

취업을 위해서는 장애인 고용 포털 한국장애인고용공단을 활용할 수 있습니다. 취업을 계획하고 있는 가정에서는 꼭 들어가 보시길 추천합니다. 현재 다양한 회사에서 장애인 고용을 하고 있지만 컴퓨터를 다룰 수 있는 사무직이나 사회복지, 특수교육 관련 교육 이수자, 미화, 경비원, 사무직, 카페 바리스타, 가드너, 제빵사 등으로 취직이 많이 이루어지고 있습니다. 아이의 선호와 기질을 잘 파악하여 취업을 미리 준비하면 훨씬 유리한 선상에서 시작할 수 있습니다.

④ 직장 생활을 위한 준비

　아이가 직장 생활을 하는 모습은 수많은 부모님들이 꿈꾸는 일입니다. 우리 아이들도 직장 생활을 하며 사회 및 경제활동에 참여하며, 성취감을 느끼며 일할 기회가 찾아온 것입니다. 이런 기회를 잘 잡기 위해서는 우리 아이들이 사회라는 제도 안에서 잘 적응할 수 있도록 돕는 것이 필요합니다. 장애인 고용은 꾸준히 증가하고 있으며 월 200만 원 이상 임금을 받는 취업자도 2배 가까이 늘었다고 합니다. 이처럼 우리 아이들의 취업 여건은 제도적 지원에 따라 앞으로 꾸준히 개선될 것입니다.

　이 과정에서 부모님들이 염두에 둬야 할 점은 성공적 취업을 위해 우리 아이뿐 아니라 가족의 준비 또한 필요하다는 것입니다. 직장의 관리자들은 부모님들에게 다음과 같은 협조를 부탁한다고 합니다.

강인한 체력과 의지 갖추기

　체력은 정신력과 직결됩니다. 체력과 의지력이 약해서 업무가 힘들 때 쉽게 포기해 버린다면 전체 업무에 많은 지장을 초래합니다.

가족의 적극적인 지지와 협력적 관계

직장에서 우리 아이의 업무를 파악해 주십시오, 이를 통하여 업무로 인한 다양한 스트레스를 미리 인지하고 대처 방법을 마련할 수 있을 것입니다. 회사 업무 관리자와 충분히 소통하여 정보를 교환해 주십시오.

집이나 학교와는 다른 직장생활 이해하기

간혹 직장에서 가정과 다른 행동을 보이는 경우가 있습니다. 직장에서의 난처한 행동을 이야기해 드리면 집이나 학교에서는 그런 행동 보이지 않는다며 믿으려 하지 않아서 소통이 어려운 경우가 있습니다. 회사와 가정이 함께 협조하는 분위기가 되어야 합니다.

3

사회 예절 알려주기

1 직장 예절

성인이 되어, 직장을 가지게 되면 회사 생활을 잘 보내기 위해 익혀야 할 예절이 있습니다. 아이가 사회생활에 잘 적응할 수 있도록 예절을 알려주면 도움이 됩니다.

먼저, 출근 시에는 나의 몸을 깨끗하게 정리를 하고, 세수와 이 닦기, 머리 감기를 깨끗하게 하고 다닐 수 있도록 도와주어야 합니다. 남자라면 면도를 깔끔하게 하고, 여자라면 화장을 할 수 있습니다.

옷차림은 깔끔해야 합니다. 간혹 잠옷이나 내복을 입고 바깥을 나가는 경우가 있는데 직장에서는 옷을 단정하게 입습니다. 또한 날씨를 확인하여 적절한 옷을 입도록 도와주어야 합니다.

성인 장애인은 사회적 눈치를 보는 것이 어렵다 보니 자조 기술이 점차 귀찮아지기도 하고 중요하게 생각을 안 하는 경우가 있습니다. 이러한 경우에는 지저분해질 수 있는데, 다른 사람들에게 편견과 선입견을 줄 수 있으므로 스스로 몸을 단정히 하고 다닐 수 있도록 지도해 주어야 합니다.

직장에 다니려면 출퇴근도 할 수 있어야 합니다. 버스나 지하철을 타야 할 때, 잘 찾아갈지 혹은 다른 것을 타진 않을지 염려될 수 있겠습니다. 그럴 땐 반복하여 훈련한 다음 스스로 버스나 지하철을 타고 다닐 수 있도록 도와주어야 합니다. 버스나 지하철 문이 열리기 전에 줄을 서서 기다리고, 사람들이 먼저 내린 후 타도록 합니다. 앉을 때는 다른 사람에게 피해를 주지 않도록 다리를 오므리고 앉도록 합니다. 모르는 사람을 빤히 쳐다보거나 다른 사람의 핸드폰을 살펴보지 않도록 가르쳐 주어야 합니다.

엘리베이터를 타고 내릴 때는 사람들이 내린 후 탑니다. 직장에서 사람을 만나면 고개를 살짝 숙여 인사를 하도록 합니다. 또한 사무실에서 사람들을 만나면 밝은 얼굴로 인사를 하고, 회사 사람들뿐 아니라 청소원, 경비원분들에게도 인사를 하고 사람이 잘 보이는 거리에서 인사를 하도록 합니다.

일을 시작할 때는 출근 시간보다 10~15분 정도 일찍 도착해서 주변을 간단히 청소하고, 오늘 할 일을 살펴보고 휴대폰은 진동으로 하여 일에 집중하도록 합니다. 일을 하는 중에 유튜브를 크게 틀어놓고 본다던지 거기에 나오는 말을 따라 하면서 웃거나 이상한 소리를 내는 것은 사람들이 불편하게 여기는 행동임을 알려 주어야 합니다.

식당에서는 정해진 시간을 잘 지키고 끼어들거나 뛰어가지 않도록 합니다. 음식을 가지고 갈 때는 먹을 만큼만 가지고 가고 돌아다니며 먹지 않고, 음식을 흘리거나 소리 내며 먹으면 다른 사람들이 불쾌감을 느낄 수 있다고 알려줍니다.

화장실을 사용할 때는 사람이 있는지 확인한 후, 사람이 없으면 들어갑니다. 사람이 있다고 똑똑 문을 두드리면 나올 때까지 기다리고, 변기를 사용하고 휴지 외에 다른 물건은 넣지 않도록 가르쳐 줍니다. 또한 변기 물을 꼭 내리고, 손을 씻을 때는 물을 세게 틀지 말고 비누도 2번 정도만 눌러서 사용하도록 합니다.

휴게실을 이용할 때는 쉬는 시간을 정확하게 지키고 모두가 함께 사용하는 공용 의자에 눕거나 탁자에 발을 올리지 않으며 이용할 때는 깨끗하게 사용하고 정리하도록 가르쳐 줍니다.

퇴근할 때는 오늘 해야 할 일을 다 했는지 확인하고, 상사에게 보고하도록 가르쳐줍니다. 그리고 더 해야 할 일이 있는지 물어본 다음 퇴근하겠다고 이야기를 하고, 사용한 자리를 정리하고 인사를 하고 퇴근하도록 합니다.

집에 돌아와서는 편한 옷으로 갈아입고, 샤워한 다음 내일 회사에 입고 갈 옷을 미리 준비해 놓고 다음 날 지장이 없도록 일찍 잠자리에 들도록 합니다. 늦게 잠자리에 들게 되면 다음 날 생활에 영향을 줄 수 있기 때문입니다.

❷ 장례식장 예절

다른 이의 감정을 이해하는 것이 어려운 우리 아이들은 장례식장이 슬픔을 나누고 위로를 해주는 곳이라는 것을 알려줍니다. 그리고 상황과 장소에 맞게 행동하는 방법을 알려줍니다.

- 혼자 웃지 않는다.
- 혼잣말을 중얼거리지 않는다.
- 음식을 흘리면서 지저분하게 먹지 않는다.
- 큰 목소리로 아는 사람의 이름을 부르지 않는다.

- 위로하는 말을 적절하게 건넨다.

그리고 조문 갈 때 지켜야 할 기본 예절을 알려줍니다. 옷차림은 대부분 검은색 옷을 입도록 합니다. 샌들과 맨발은 피하고 양말을 신고 가도록 하는 것을 알려줍니다. 장례식장에 도착하면 돌아가신 분의 가족들이 있는데 그분들께 부의금(위로하는 마음으로 전달하는 돈)을 전해드리고, 위로의 말을 전합니다. 예를 들어, '슬픔이 크시겠어요. 삼가 고인의 명복을 빕니다.'라고 이야기해야 한다고 명확히 알려줍니다. 그리고 영정 앞에서 두 번 절을 하거나 기독교인은 기도를 하고 나오면 된다고 말해줍니다.

④
이성 친구 만나기

① 이성 친구 이해하기

앞에 성과 관련된 이야기를 다루었는데 장애를 가졌다고 해서 기본적인 성적 욕구가 없는 것은 아닙니다. 그렇기에 성인이 된 우리 아이들에게도 이성 친구를 대하고 느끼는 감정에 대한 이해, 배려하는 마음을 알려주어야 합니다. 그냥 관심이 없고 모를 거라고 짐작하여 알려주지 않는다면 오히려 이성에 대해 잘못된 인식이 생길 수 있습니다.

중학생, 고등학생만 되어도 아이들은 이성에 관심을 가지고 또 좋아하는 아이 생각을 하며 피식 웃기도 하고, 학교에 가는 즐거움도 느낍니다. 일반 아이들은 그 좋아하는 감정을 숨길 수 있지만 우리 아이들은 감정을 숨기는 것이 너무 어렵고 조절하는 방법을 잘 모르는 경우가 많습니다. 그럴 때는 이성에 대한 호감은 자연스러운 감정이지만 해서는 안 되는 행동이 있다는 것을 알려주어야 합니다.

먼저 아이에게 감정의 이름을 먼저 알려줍니다. "○○야 네가 느끼는 감정은 좋아하는 감정이야. 엄마, 아빠를 사랑하고 좋아하는 것처럼 너도 친구에게 좋아하는 감정, 설레는 감정, 부끄럽고 수줍은 감정을 느낄 수 있단다." 그리고 좋아하는 감정을 표현하는 가장 좋은 방법은 배려라고 알려줍니다. 배려란 다른 사람을 이해하고 도와주고 싶은 마음이라는 것을 알려주고, 좋아하는 감정을 표현하는 것은 배려하는 행동이라고 이야기합니다.

그리고 좋아하는 감정을 표현할 때 해서는 안되는 행동을 알려줍니다. 계속 쫓아다니거나, 매일 사랑 고백을 하거나, 친구의 이름을 반복해서 계속 부르거나, 친구가 하지 말라고 한 행동, 불편을 느끼는 행동을 계속하는 것은 좋아하는 사람을 대하는 태도가 아님을 분명히 알려주어야 합니다.

이성 친구는 나와 다른 성별을 가진 사람입니다. 사랑하는 사람이 될 수도 있고, 일을 같이하는 사람, 취미 생활을 같이하는 사람 등 다양한 사이가 있습니다. 아이가 이성 친구를 만나게 되고 사귀는 것은 살아가면서 자연스러운 과정입니다. 이러한 과정에 어떻게 아이에게 이성 친구에 대해 설명해 주어야 할까요? 먼저, 남자와 여자의 신체적인 특성에 대해 설명해 줍니다. 그리고 여자와 남자의 심리적 특성에 대해서도 설명해 줍니다. 감수성이 풍부하다든지, 감정 표현이 부족하다든지, 말 속에 담겨 있는 심리적인 부분에 대해서도 함께 이야기를 나누어봅니다.

❷ 첫인상을 좋게 하는 방법

누구나 처음 사람을 만났을 때 첫인상이 중요합니다. 우리 아이들은 자기 자신을 관리하는 데 소홀한 경우가 있어서 사람들에게 좋지 않은 첫인상을 주기도 합니다. 그러므로 늘 청결한 외모와 깔끔한 모습으로 사람들을 만날 수 있도록 알려줍니다.

첫째, 외모에 신경 쓰기

첫인상을 좋게 하기 위해서는 외모를 깔끔하게 해야 합니다. 머리를 단정하게 자르고, 수염을 깔끔하게 정리하고, 옷을 예쁘고 멋있게 입어야 합니다. 머리에 비듬이 있거나 옷이 지저분하고, 입냄새가 난다면 주변 사람들에게 안 좋은 평가를 받을 수 있다는 것을 알려줍니다.

둘째, 당당하고 친근한 모습 보여주기

사람이 첫인상을 결정하는 시간은 5초밖에 걸리지 않는다고 합니다. 짧은 시간 안에 친근하게 다가가야 합니다. 그런데 이성에게 다가갈 때는 늘 조심성 있고 배려 있는 모습으로 행동해야 합니다. 첫 만남부터 손을 잡으려고 한다던지 불필요한 신체적 접촉은 금지해야 합니다. 그리고 연락처를 묻는다거나 좋은 감정을 직접적으로 표현을 할 때는 상대방이 부담스러워할 수 있음을 알려줍니다.

셋째, 밝게 웃기

이성을 처음 만났을 때 밝은 모습을 보여주어야 합니다. 웃는 얼굴로 인사합니다. 그리고 늘 밝고 긍정적인 마음으로 상대방을 대한다면 좋은 관계를 맺을 수 있습니다. 늘 부정적이고 건강하지 않은 모습으로 다른 사람들의 관심을 끌려고 하는 것은 잠깐 사람들의 관심을 끌 수는 있지만 그 관심이 좋은 관심이 아님을 알려줍니다.

넷째, 자기소개 하기

인사가 끝나면 자기소개를 합니다. 자기소개는 간단하게 합니다. "안녕하세요, 제 이름은 ○○○입니다. 만나서 반갑습니다." 그리고 상대방이 이야기를 꺼낼 때까지 잠깐 기다리며 이야기를 이어 나가도록 알려줍니다.

다섯째, 가벼운 대화하기

가벼운 대화는 첫 만남을 부드럽게 하고 상대방의 긴장을 풀어 줄 수 있습니다.

"오시는데 힘드시지 않으셨어요?"

"날씨가 좋네요"

"오늘 멋있게/예쁘게 옷을 입고 오셨네요"

대화를 이어 나가고 싶은 마음에 반복해서 여러 질문을 한다거나 혼자서만 대화의 주도권을 잡고 이야기한다면 상대방과 좋은 이야기를 이어 나갈 수 없다는 것을 알려줍니다.

이성 친구와의 대화 기술

첫 인사가 끝나면 다음으로 무슨 이야기를 해야 할지, 어떻게 행동을 해야 하는지 몰라 분위기가 어색해질 수 있습니다. 이럴 때 어떻게 하면 좋을지도 알려줍니다.

1) 열린 질문하기(네/아니요로 대답하지 않는 질문하기)

"점심 드셨어요?"처럼 '네/아니요'로 대답하는 질문을 닫힌 질문이라고 합니다. 반면에 "점심식사는 어땠어요?"처럼 긴 대답을 필요로 하는 질문은 열린 질문이라고 합니다. 닫힌 질문을 하면 대화가 금방 끝나지만, 열린 질문을 하면 대화가 길게 할 수 있습니다. 상대방의 답변이 길어지기 때문입니다. 덕분에 대화가 자연스럽게 이어질 수 있습니다.

2) 개인적인 것 묻지 않기

질문이 나쁜 것은 아닙니다. 하지만 개인적인 일을 너무 많이 물어보는 것은 상대방을 기분 나쁘게 할 수 있다는 것을 가르쳐 줍니다. 우리 아이들은 특정한 것(ex. 아파트, 버스 번호, 전화번호, 자동차 등)에 관심 있는 경우가 많아서 질문이 무례한 것인지 아닌지 변별이 조금 어려울 수 있습니다. 그렇기에 처음 만났을 때 할 수 있는 질문들을 가르쳐 줍니다.

> 어떤 음식을 좋아하세요?

> 취미가 뭐예요?

> 쉬는 날 뭐 하세요?

> 여행 어디에 가보셨어요?

> 어떤 TV 프로그램 좋아하세요?

❸ 관심 보이기

상대방의 말에 관심을 갖는 것은 중요한 행동입니다. 이것은 이성 친구와 이야기를 할 때뿐만 아니라 모든 사람들에게 해야 할 행동이라는 것을 가르쳐 줍니다. 우리 아이들은 상대에게 관심을 보이기보다 특정 물건에 관심을 가지는 경우가 많아 눈 맞춤도 어색할 수 있습니다. 그렇기에 상대의 눈을 보며 관심 보이는 방법에 대해서도 알려줍니다.

그리고 공감하는 말을 알려줍니다. "아 그렇구나, 참 좋은 생각이네요, 정말 멋지네요."처럼 맞장구치는 것에 대해서도 알려주고 그렇게 했을 때 상대방과 대화에서 상대방이 주인공이 된 느낌을 받게 되므로 함께 하는 이야기에 더 즐겁게 참여할 수 있음을 알려줍니다.

❹ 헤어질 때

성인이 된 아이들은 적절한 헤어짐의 시기와 헤어질 때의 방법을 어려워합니다. 그럼 어떻게 해야 할까요? 대화를 1~2시간 정도 했다면 이야기를 끝내는 것이 좋습니다. 첫 만남에서 너무 많은 이야기를 하면 서로 부담을 느낄 수도 있습니다.

고마움 표현하기와 칭찬하기

대화를 마무리할 때 오늘 만남에 대해 고마움과 칭찬을 표현하게 되면 상대방의 기분을 좋게 할 수 있다는 것을 알려줍니다. 가령 이런 말을 할 수 있습니다. "오늘 함께 시간 보낼 수 있어서 감사합니다. 좋은 분을 만나게 되어 참 기쁩니다."

다음 만남 약속하기

또한 오늘 이야기한 이성 친구가 마음에 들었다면 다시 만나자고 이야기하는 것이 필요한데 적절한 표현을 가르쳐 줍니다. 그리고 다음 만남을 신청할 때는 조심스럽고 정중하게 이야기를 해야 합니다. 나아가 너무 강요하면 상대방이 불편할 수도 있고 먼저 제안을 할 수 있지만 상대가 대답할 때까지 충분히 기다려주어야 한다는 것을 가르쳐 줍니다. 그리고 상대가 제안을 거절하더라도 받아들일 수 있도록 합니다.

"혹시 다음에 저랑 같이 커피 마실래요? ○○카페에 커피가 맛있다고 하더라고요."

"혹시 다음에 저랑 ○○영화 보실래요? 요즘 그게 인기가 많다고 하더라고요."

거절을 받아들이기 어려워하는 경우에는 "그럴 수 있어. 좋은 인연은 다시 만날 수 있어."라고 알려주고, 이번 기회가 끝이 아니라 기회는 계속 있음을 이해하도록 도와줍니다. 그리고 사람의 감정이다 보니 좋아하는 감정이 지나쳐서 상대방의 감정과는 상관없이 자신의 의사를 고집하거나 반복해서 그 사람의 마음을 돌려놓으려고 고집을 부리는 경우가 있습니다. 그럴 때는 물리적 거리를 두거나 그 시간을 상대방에게 피해가 가지 않고 잘 해소할 수 있는 방법을 함께 찾아보아야 합니다.

거절하기

이성 친구를 처음 만났을 때 마음에 들지 않을 수도 있습니다. 더 만나고 싶지 않을 때는 거절할 수 있습니다. 매너 있게 거절하는 방법에 대해서도 알려주도록 합니다.

❺ 데이트 신청하기

이성 친구가 마음에 들었다면 데이트 신청을 할 수 있습니다. 데이트 신청하는 방법을 알아보겠습니다.

미리 물어보기

데이트하고 싶다면 상대방에게 미리 물어보도록 합니다. 하루 전날 갑자기 내일 데이트하자고 하면 이성 친구는 준비할 시간이 없고 갑작스러운 신청에 힘들어할 수 있습니다. "○○씨, 혹시 ○월 ○일 ○시에 같이 영화 보실래요?"와 같이 시간과 장소를 정해야 데이트 약속이 정해진 것입니다. 시간 장소를 정하지 않고 "다음에 같이 데이트해요."라고 막연한 말만 해둔다면 이 약속은 이루어질 수 없습니다.

직접 물어보기

데이트 신청은 직접 물어보도록 합니다. 이성 친구를 만나는 것이 쑥스럽거나 거절당할까 봐 걱정이 되어 다른 사람을 통해 물어본다면 이성 친구는 기분이 나쁠 수도 있습니다.

정확한 내용을 말하기

데이트 신청을 하려면 정확한 내용이 있어야 합니다. 언제 만나고 싶은지, 어디를 가고 싶은지, 무엇을 하고 싶은지를 미리 생각해 보고 데이트를 신청하도록 알려줍니다.

⑥ 데이트 준비하기

이성 친구와 데이트 약속을 했다면 데이트 준비를 해야 합니다. 어떻게 준비해야 할지 혹은 무엇을 해야 할지 모를 수 있습니다. 데이트에서 무엇을 해야 좋을지 이야기해 봅시다.

- ➡ 식사하기: 처음 데이트할 때 이성 친구가 좋아하는 음식을 먹는 것이 좋습니다.
- ➡ 영화 보기: 영화를 고르기 전에 이성 친구에게 보고 싶은 영화를 물어봅니다. 만약 아무 영화나 좋다고 하면 가장 유명한 영화를 고르는 것도 좋습니다.
- ➡ 차 마시기: 식사하고 영화를 본 뒤 헤어질 수 있지만 커피를 한 잔 더 하겠냐고 물어볼 수도 있습니다. 주변에 있는 카페에 가서 커피나 아이스크림, 빙수를 함께 먹으면서 이야기합니다.
- ➡ 산책하기: 보통 산책은 데이트가 끝나고 집으로 돌아갈 때 합니다. 산책하면서 오늘 데이트가 어땠는지 물어봅니다. 다음에 또 만날 약속도 할 수 있습니다.

또한 데이트하게 되면 돈을 써야 합니다. 식사 비용, 영화표 비용, 커피 비용 등 필요한 돈을 미리 생각해야 합니다. 누가 돈을 낼

것인지, 돈을 나누어 낼 것인지 생각해 보아야 합니다. 갖고 있는
돈을 잘 생각해 보고 데이트를 준비하도록 알려줍니다.

7 결혼

결혼이란 남자와 여자가 서로 부부가 되는 것을 말합니다. 결혼
은 상대방을 책임질 수 있을 때 하는 것입니다. 그렇기에 신중하게
결정해야 합니다. 결혼을 하면 서로를 아끼고 존중하며 살아가야
합니다. 결혼은 부모님이나 가족의 허락이 있어야 한다는 것을 알
려줍니다. 그리고 서로에 대해 성적인 매력이 느껴져도 혼전에는
성관계나 깊은 스킨십은 하지 않도록 가르쳐 줍니다. 깊은 스킨십
은 새 생명을 잉태할 수 있는 고귀한 일이기 때문에 항상 몸을 조
심하고 아낄 수 있도록 알려줍니다.

결혼에 필요한 것

웨딩 디렉터가 말하는 결혼 준비 체크리스트 D-180

남은 날짜	해야 할 일	점검
180일 전	부모님과 만나는 날짜 정하기	
170일 전	결혼식 비용 정하기, 결혼식장 예약	
160일 전	부모님과 함께 살지, 따로 살지 정하기	
130일 전	함께 살아갈 집 정하기	
120일 전	웨딩드레스 정하기	
110일 전	신혼여행 장소 정하기	
90일 전	한복 정하기	
80일 전	피부 관리 시작하기	
70일 전	웨딩 촬영 정하기, 건강검진 하기	
60일 전	청첩장 돌리기, 주례/사회 정하기, 초대할 사람 정하기	
20일 전	살아갈 집 인테리어 하기, 가구, 생활용품 준비하기	
10일 전	회사에 휴가 신청하기, 혼인신고 서류 준비하기	
1일 전	마지막 점검하기	
결혼식 날	메이크업 하기, 음식 체크하기, 계산하기	

부모님께 소개하기

결혼할 사람이 생기면 부모님께 보여드리도록 합니다. 부모님의 집에 직접 찾아가거나 식사를 하면서 소개할 수 있습니다. 부모님께 소개를 받거나 소개를 할 때는 예의 바르게 인사드리도록 가르쳐 줍니다. 부모님이 반대하더라도 예의 바르게 행동하고 부모님이 인정해 주시고 가족으로 맞이해주실 때까지 잘 기다려야 합니다.

미래 계획 세우기

결혼은 연애와 많이 다르다는 것을 가르쳐 줍니다. 앞으로 어떻게 살아갈지, 아이를 몇 명이나 낳을지, 어떻게 기를지, 부모님과 함께 살 것인지 등 결혼 생활에 대한 계획을 세우도록 도와줍니다.

서로의 부모님께 허락받기

보통 결혼을 앞두고 서로의 부모님이 모여 식사를 하고 결혼을 결정합니다. 결혼에 대한 계획을 말해야 하기 때문에 미리 준비를 하도록 합니다. 결혼은 부모님과 가정의 결합이기에 함께 준비해야 합니다. 부모님들도 아이들의 결혼을 바라볼 때 독립된 하나의 인격체로 잘 살아갈 수 있도록 옆에서 잘 도와주시면 그 응원과 사랑이 아이가 아름다운 가정을 꾸리는 데 많은 도움이 됩니다.

우리 아이가 결혼을 한다고 하면 부모님들은 기대하고 소망하였던 일이었지만 그만큼 또한 걱정과 염려 또한 생기실 수 있습니다. 여러 가지 많은 기준이 있지만 서로 사랑하고, 가정을 책임감 있게 이끌어갈 의지와 건강한 생활 습관을 가진 사람이라면 믿고, 신뢰해 주며 그 삶을 축복해 주시면 좋겠습니다.

그리고 서로의 지지자가 되어서 두 아이가 축복된 삶을 살아갈 수 있도록 끝까지 응원해 주십시오. 태어나서부터 결혼에 이르기까지 수많은 여정 속에 희로애락을 누리며 왔지만, 그 시간을 통하여서 아이도 부모도 많이 성장하였고 성숙해졌습니다.

이 시간까지 온 것 자체가
그저 감사한 일입니다.

고생 많으셨고,
어떤 누구보다
잘 해내셨습니다.

#21 번아웃이 왔을 때

부모님들을 보면 아이를 치료하고 관리하느라 자기 자신을 돌보지 못하고 몸과 마음의 병을 안고 살아가시는 분들이 많이 있습니다.

주저앉아서 펑펑 울고 싶고, 나도 힘들다고 넋두리라도 하고 싶지만 나만 바라보고 나를 우주로 여기는 아이가 있기에 힘을 내서 하루를 살아갑니다.

번아웃 증후군은 극심한 육체적/정신적 피로를 느끼고 내 삶의 직무에서 오는 열정과 성취감을 잃어버리는 증상을 말합니다. 불확실한 결과를 마주하며 매일 무엇인가를 해내야 하는 과부하가 부담으로 다가올 때 일어나는 증상입니다. 이럴 때 어떻게 해야 할까요?

1. 먼저 자신의 상태를 알려야 합니다.
2. 잠을 충분히 자야 합니다.
3. 지금 내 상황을 잠잠히 묵상, 기도, 명상하며 관찰합니다.
4. 감정적으로 행동하지 않고 잠깐 멈추어 서야 합니다.
5. 내 삶의 우선순위를 재정립합니다.
6. 한꺼번에 많은 일을 하려고 하지 않고 하나하나 차분히 풀어갑니다.

이 순서대로 문제를 마주할 때, 시간이 흘러가며 내 삶의 문제도 잘 흘러가 잊혀지고 새날을 마주하게 됩니다. 조금만 나의 삶의 시간을 기다려주세요.

#22 아이는 내 인생의 전부가 아니라 손님이다

아이의 존재는 내 삶의 전부라고 해도 과언이 아닐 정도로 소중하고 귀합니다. 나를 닮았고, 내가 사랑하는 사람을 닮은 이 아이를 위해 목숨을 내어놓아도 아깝지 않을 정도입니다. 그러나 이 아이는 우리 인생의 전부가 아니라 우리 인생에 잠깐 찾아왔다가 언젠가 떠나보내야 할 손님입니다.

아이를 나의 성취의 목표처럼 여기는 분들도 계십니다. 그 사랑도 귀하고 소중함을 알지만 아이를 성취의 목표로 여기고 살아가다 보면 내 마음에 찾아오는 공허함과 아이의 마음을 헤아려 주지 못하는 오류를 범할 수 있습니다. 결과 중심적으로 아이를 보게 되면 아이가 자라나는 과정 가운데 느낄 수 있는 기쁨과 즐거움을 함께 누릴 수가 없게 되고 아이에게도 늘 만족하지 못하는 삶을 살아가게 됩니다.

아이를 내 삶의 성취목표가 아닌 손님으로 여기면 나와 이 아이에게 허락된 시간에서의 즐거움을 더욱 느낄 수 있고, 아이에 대한 욕심도 조금은 내려놓으며 아이를 존중하게 됩니다. 아이를 내 삶에 찾아 온 귀한 손님으로 여기며 기쁘게 하루하루 보내시길 소망합니다.

#23   아픈 아이를 낳은 것이 내 삶의 가장 큰 축복이 되도록

나에게 찾아온 축복.

아이와 함께 한 공간에서 살아 숨 쉴 수 있다.

순수한 마음, 깨끗한 마음을 늘 느끼며 살아갈 수 있다.

아이의 발전을 위해 한 걸음씩 더욱 노력할 수 있다.

작은 움직임, 반응에도 기뻐할 수 있다.

있는 그대로도 충분히 괜찮음을 알게 되었다.

눈을 마주치며 웃을 수 있다.

기대하는 내일이 기다리고 있다.

하루의 즐거움을 애써 찾을 수 있다.

내가 더 깊고 넓어지고 있다.

한 팀이 되어서 이 아이를 통해 좋은 인맥들이 생겼다.

다른 누군가의 슬픔과 아픔에 공감하게 되었다.

이 아이들이 가진 귀여움과 사랑스러움을 알게 되었다.

상처 주지 않고 거짓되지 않은 따뜻함을 배우게 되었다.

누군가를 미워하지 않고 늘 사랑으로 용서하는 마음을 배우게 되었다.

이처럼 아이들을 통해서 나는 성장해 가고 있습니다. 아이들의 부족함을
발견할 때 "왜 이것밖에 안 되지, 왜 또 안 되지."가 아니라 "내가 가르쳐
줄 수 있는 것이 또 생겼네. 반갑다. 이거 극복하면 또 아이도 나도 많이
자라나 있겠지."라며 문제를 반갑게 맞이합니다. 모든 것이 괜찮습니다.
아픈 아이를 낳은 것도 내 삶의 큰 축복이 될 수 있음을 증명하실 수 있
습니다.

#24 마음의 근육을 키워라

우리는 다가오는 많은 고난과 문제를 맞이하게 됩니다. 고난과 문제를 맞이하는 것은 권선징악이 아니라 삶을 살아가는 흔적일 뿐입니다.

그럴 때일수록 우리는 마음의 근육을 키워야 합니다. 작은 일에도 요동치고 작은 지적에도 아파하고 상처받는 것이 인간이기에 마음의 근육이 단단하지 않으면 그냥 쓰러져서 일어나지 못하고 허우적거릴 수밖에 없습니다.

마음의 근육을 키우는 방법은 무엇이 있을까요? 나를 잘 알지 못하는 타인이 하는 말에 휘둘리지 마십시오. 그리고 미워하지 마십시오. 내 삶을 대신 살아주지도 책임져주지도 않을 거면서 쉽사리 내뱉는 말들에 상처받지 마십시오. 상처를 받고 안 받는 결정권을 나에게 두고 내가 선택할 수 있어야 합니다. 미워하는 마음은 나를 자꾸 갉아먹고 그런 의식의 에너지는 나를 자꾸 파괴시키기 마련입니다.

내가 할 수 있는 생산적인 일들과 나를 사랑하는 사람들에게 몰입하십시오. 그것에 몰입을 하다보면 시간이 흘러가 있고 그런 가십과 나를 본인들의 잣대로 평가하고 판단하는 데에서 자유로워질 수 있습니다. 그리고 나는 나대로 충분히 성장해 있는 모습을 바라볼 수 있습니다.
우리는 마음의 근육을 키워야 합니다.

#25 나는 내가 정말 좋다

나는 내가 정말 좋습니다. 내 삶을 열심히 살아가려고 하는 내 모습도 참 좋고, 힘든 삶의 여정 가운데에도 긍정적인 마음으로 살아가려고 발버둥치고 애쓰는 모습의 내가 참 좋습니다. 사랑하는 가족들을 생각하며 늘 열심히 살아가고 정직하고 겸손하게 살아가려고 노력하는 내 모습도 참 감사합니다.

늘 문제에 부딪히면 '그때 내가 그렇게 하지 않았다면.' '내가 좀 참았다면.' '내가 좀 다른 선택을 하였다면.' 하고 생각하진 않나요? 우리는 다른 사람은 그렇게 사랑하고 이해하면서 나라는 사람을 이해하고 사랑하는 데에는 왜 그렇게 야박한지 모르겠습니다.

거울을 보고 말해 주세요.

나는 내가 정말 좋다!
우리 아이가 아프지만 열심히 양육하고, 치료실을 다니며 열정을 다하는 내가 정말 좋다!
어디를 가든 우리 아이에게 시선이 다가올까 노심초사하면서도 아이에게 좋은 경험시켜 주고자 하는 내가 정말 좋다!
한 가정의 아내로서 엄마로서 누구보다 책임감 있고 헌신적으로 살아가려고 노력하는 내가 정말 좋다!
무엇보다 그냥 내 삶의 큰 고난 가운데 참고 견디며 살아주는 나는 내가 정말 좋다!

꼭 오늘은 그렇게 말해 주세요.

우리 아이들의 이야기
"나는 내가 좋다."

수업 시간에 아이들과 함께 이런 시간을 가져 보았습니다.

"너는 왜 네가 좋아?"

여기에 답하는 우리 아이들의 이야기로 이 책을 마무리하려고 합니다.

> 나는 친구는 없지만 가족이 있는 내가 좋다.
>
> 나는 마음이 착한 내가 좋다.
>
> 나는 어려운 것을 쉽게 포기하지 않는 내가 좋다.
>
> 나는 양파를 잘 먹는 내가 좋다.
>
> 나는 급식당번을 빼먹지 않고 하는 내가 좋다.
>
> 나는 고의로 거짓말하지 않는 내가 좋다.
>
> 나는 친구들을 잘 도와주는 내가 좋다.
>
> 나는 엄마에게 칭찬받는 내가 좋다.

나는 가족에게 웃음을 주는 내가 좋다.

나는 아빠 심부름을 할 수 있는 내가 좋다.

나는 머리가 길고 예쁘게 태어난 내가 좋다.

나는 요즘 상냥하게 대하는 내가 좋다.

나는 항상 변화하려고 노력하는 내가 좋다.

나는 기발한 생각을 많이 하는 내가 좋다.

나는 친구랑 친해지는 내가 좋다.

나는 감정조절을 잘하는 내가 좋다.

나는 약속한 것을 잘 지키는 내가 좋다.

나는 양보할 줄 아는 내가 좋다.

나는 그냥 내가 좋다.

우리 가정이 행복한 순간

_____

_____

_____

_____

_____

_____

_____

_____

_____

_____

우리 아이가 사랑스러운 순간

_____

_____

_____

_____

_____

_____

_____

_____

_____

_____

_____

_____

너라서 고맙다.

내가 정말 좋다.

어른으로 자라날 너에게

부모가 먼저 읽는, 느리고 특별한 아이의 생애 안내서

초판인쇄 2024년 09월 27일
초판발행 2024년 09월 27일

지은이 이효진 · 이효주 · 헬렌언어발달연구소
발행인 채종준

출판총괄 박능원
책임편집 유나
디자인 홍은표
마케팅 조희진
전자책 정담자리
국제업무 채보라

브랜드 이담북스
주소 경기도 파주시 회동길 230 (문발동)
투고문의 ksibook13@kstudy.com

발행처 한국학술정보(주)
출판신고 2003년 9월 25일 제406-2003-000012호
인쇄 북토리

ISBN 979-11-7217-508-5   03330